미리

동양북스 외국어
베스트 도서
700만 독자의 선택!

새로운 도서,
다양한 자료
동양북스
홈페이지에서
만나보세요!

www.dongyangbooks.com
m.dongyangbooks.com

※ 학습자료 및 MP3 제공 여부는 도서마다 상이하므로 확인 후 이용 바랍니다.

홈페이지 도서 자료실에서 학습자료 및 MP3 무료 다운로드

PC

❶ 홈페이지 접속 후 도서 자료실 클릭
❷ 하단 검색 창에 검색어 입력
❸ MP3, 정답과 해설, 부가자료 등 첨부파일 다운로드
* 원하는 자료가 없는 경우 '요청하기' 클릭!

MOBILE

* 반드시 '인터넷, Safari, Chrome' App을 이용하여 홈페이지에 접속해주세요. (네이버, 다음 App 이용 시 첨부파일의 확장자명이 변경되어 저장되는 오류가 발생할 수 있습니다.)

❶ 홈페이지 접속 후 ☰ 터치

❷ 도서 자료실 터치

❸ 하단 검색창에 검색어 입력
❹ MP3, 정답과 해설, 부가자료 등 첨부파일 다운로드
* 압축 해제 방법은 '다운로드 Tip' 참고

わたしたちは日本語が
ダイスキ

단계별 맞춤 강의용 교재

NEW

일본어뱅크
다이스키

STEP 4

동양북스

일본어뱅크
NEW 다이스키 STEP 4

초판 1쇄 | 2024년 9월 15일

지은이 | 문선희, 나카야마 다츠나리, 성해준, 정희순
발행인 | 김태웅
편　집 | 길혜진, 이서인
디자인 | 남은혜, 김지혜
일러스트 | 우나연
마케팅 총괄 | 김철영
제　작 | 현대순

발행처 | ㈜동양북스
등　록 | 제 2014-000055호
주　소 | 서울시 마포구 동교로22길 14(04030)
구입 문의 | 전화 (02)337-1737　팩스 (02)334-6624
내용 문의 | 전화 (02)337-1762　dybooks2@gmail.com

ISBN 979-11-7210-070-4　03730

본서는 일본어 입문 과정을 끝낸 사람을 대상으로 한 회화 책입니다. 입문 과정의 복습을 겸하면서, 중급 레벨로 준비하는 사람을 위해 본서를 만들었습니다.

본문은 문법 사항에 얽매이는 일 없이 더욱 자연스러운 회화를 습득할 수 있도록 했습니다. 본서의 자매서처럼, 각 과의 후반 부분에는 한자 습득을 위한 지면을 마련했습니다. 역시, 한국의 일본어 교육에서는 한자의 습득이 일본어 능력 향상에 큰 효과가 있기 때문입니다.

본서의 작성에서, 공저자이자 친애하는 나의 제자, 문선희에게 감사의 경의를 표합니다.

　本書は入門の日本語文法を終えた人を対象とした会話の本です。したがって、入門過程の復習をかねつつ、中級レベルを準備する人のために本書を作りました。

　本文は文法事項にとらわれることなくより自然な会話が習得できるようにしました。本書の姉妹書同様、課の後半部分には漢字習得のために紙面を費やしました。やはり、韓国における日本語教育では漢字の習得が日本語能力向上に大きな効果があるからです。

　本書の作成にあたり、共著であり最愛なる私の弟子、ムンソンヒ氏に感謝の敬意を払います。

저자 나카야마 다츠나리
(한국명 김진성)

일본어뱅크 다이스키 STEP 1, 2, 3에 이어서 입문 과정과 중급 단계의 연결고리인 네 번째 교재를 출간하게 되어서 기쁩니다.

본서는 입문 3개월 과정을 마친 후 일본에 어학연수를 갔을 때 여러 장소에서 경험할 수 있는 상황을 테마별로 나누었으며, 한자 부분은 가타카나와 함께 〔릴레이〕 형식으로 다뤘습니다.

또한 실전 회화 내용과 듣기, 받아쓰기 내용이 다 이어지도록 만들어서 학습자에게 내용 이해와 응용에 도움이 될 것이라 생각합니다. 〔테스트〕에서는 배운 내용을 점검하고 5과에 한 번씩 〔독해〕 형식으로 정리해 보았습니다.

저자 일동

차례

CONTENTS

이 책의 학습법

실전 회화

일본 현지에서 쓸 수 있는 표현 중심으로 낱말 설명과 함께 실었습니다. 내용을 듣고 억양과 발음에 주의해서 반복 학습하면 좋은 효과를 얻을 수 있습니다.

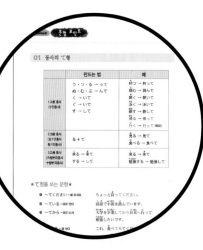

문법 포인트

각 과에서 중심으로 다루는 문법을 예문과 함께 정리한 페이지입니다.

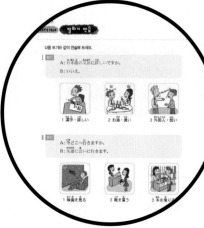

말하기 연습

각 과에서 다루고 있는 문법사항을 토대로 문형을 연습해 보는 페이지입니다. 입이 기억하도록 되풀이해서 연습합시다.

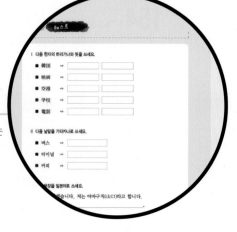

테스트

앞에서 배운 낱말이나 문장을 잘 알고 있는지 확인해 보는 페이지입니다.

한자 / 가타카나 릴레이

한자와 가타카나를 끝말 읽기 형식으로 꾸몄습니다. 한자와 가타카나를 직접 써 볼 수 있게 빈 칸도 마련되어 있습니다.

듣기 연습

본문과 문법 포인트에서 다루는 내용을 중심으로 구성된 듣기 연습 문제입니다. A는 내용을 듣고 답을 고르는 형식이고, B는 듣고 빈 칸의 말을 받아 쓰는 형식입니다.

읽기 연습(독해)

5과마다 긴 독해 지문을 넣었습니다. 반드시 소리를 내어서 읽어 보시기 바랍니다.

낱말과 표현 정리

1~5과, 6~10과, 11과~15과 낱말을 5과마다 정리했습니다.

ムン　もしもし、ムン・サンジュンと申しますが、今成田
　　　空港に着きました。

職員　韓国のムン・サンジュンさんですね。東京の地理には
　　　詳しいですか。

ムン　いいえ、学校までどう行ったらいいですか。

職員　まず、リムジンバスに乗って新宿まで来てください。

ムン　新宿ですね。

職員　はい、そうです。降りたら電話してください。
　　　すぐ迎えに行きますから。

ムン　わかりました。

낱말과 표현

~と申(もう)します ~라고 합니다 | 空港(くうこう) 공항 | ~に着(つ)く ~에 도착하다 | 東京(とうきょう) 도쿄
地理(ちり) 지리 | ~に詳(くわ)しい ~에 정통하다, ~에 대해 잘 알다 | 学校(がっこう) 학교 | まず 우선, 먼저
リムジンバス 리무진 버스 | ~に乗(の)る ~를 타다 | 新宿(しんじゅく) 신주쿠(지명) | 降(お)りる 내리다
すぐ 곧, 바로 | 迎(むか)える 마중하다

01 동사의 て형

	만드는 법	예
1그룹 동사 (5단동사)	う・つ・る → って ぬ・む・ぶ → んで く → いて ぐ → いで す → して	持つ → 持って 読む → 読んで 聞く → 聞いて 泳ぐ → 泳いで 話す → 話して 帰る → 帰って 行く → 行って (예외)
2그룹 동사 (상1단동사 하1단동사)	る + て	見る → 見て 食べる → 食べて
3그룹 동사 (カ행변격동사 サ행변격동사)	来る → 来て する → して	来る → 来て 勉強する → 勉強して

★ て형을 쓰는 문형 ★

❶ ～てください ~해 주세요　　ちょっと待ってください。

❷ ～ている ~하고 있다　　部屋で小説を読んでいます。

❸ ～てから ~하고 나서　　大学を卒業してから日本へ行って勉強したいです。

❹ ～てみる ~해 보다　　これ、食べてみてください。

❺ ～ておく ~해 두다(놓다)　　ビールは私が買っておきました。

❻ 〜てしまう ~해 버리다　　　山口さんにキムさんの話をして

しまいました。

❼ 〜ている＋명사　　　あそこでたばこを吸っている人は

〜하고 있는 〜　　　誰ですか。

❽ 〜てもいい ~해도 된다　　　日本語で話してもいいですか。

❾ 〜てはいけない　　　ひらがなで書いてはいけません。

〜해서는 안 된다

❿ 〜てばかりいる　　　子供たちは公園で遊んでばかりいます。

〜하고만 있다

02　ます형 ＋ に行く ~하러 가다

日本へ遊びに行きます。

友達とサッカーを見に行きます。

銀座へお酒を飲みに行きます。

낱말과 표현

部屋(へや) 방 | 小説(しょうせつ) 소설 | 大学(だいがく) 대학 | 卒業(そつぎょう) 졸업 | 勉強(べんきょう) 공부
ビール 맥주 | 話(はなし) 이야기 | たばこを吸(す)う 담배를 피우다 | だれ(誰) 누구 | 日本語(にほんご) 일본어
子供(こども)たち 아이들 | 公園(こうえん) 공원 | 遊(あそ)ぶ 놀다 | 友達(ともだち) 친구 | サッカー 축구
銀座(ぎんざ) 긴자(지명) | お酒(さけ) 술

LET'S TALK 말하기 연습

다음 보기와 같이 연습해 보세요.

Ⅰ 보기

A: 日本語の文法に詳しいですか。

B: いいえ。

1 漢字・詳しい

2 お酒・強い

3 外国人・弱い

Ⅱ 보기

A: 今どこへ行きますか。

B: 友達に会いに行きます。

1 映画を見る

2 靴を買う

3 本を借りる

낱말과 표현

文法(ぶんぽう) 문법 | 詳(くわ)しい 정통하다, 상세하다 | 漢字(かんじ) 한자 | 強(つよ)い 강하다

外国人(がいこくじん) 외국인 | 弱(よわ)い 약하다 | 友達(ともだち) 친구 | 映画(えいが) 영화

靴(くつ) 신발, 구두 | 借(か)りる 빌리다

A:<ruby>私<rt>わたし</rt></ruby>は<ruby>何<rt>なに</rt></ruby>をしたらいいですか。

B:お<ruby>皿<rt>さら</rt></ruby>を<ruby>洗<rt>あら</rt></ruby>ってください。

1 <ruby>掃除<rt>そうじ</rt></ruby>をする

2 <ruby>郵便局<rt>ゆうびんきょく</rt></ruby>に<ruby>行<rt>い</rt></ruby>く

3 <ruby>今日<rt>きょう</rt></ruby>は<ruby>家<rt>いえ</rt></ruby>に<ruby>帰<rt>かえ</rt></ruby>る

4 この<ruby>寿司<rt>すし</rt></ruby>を<ruby>食<rt>た</rt></ruby>べている

낱말과 표현

お皿(さら) 접시 | 洗(あら)う 씻다, 닦다 | 掃除(そうじ) 청소 | 郵便局(ゆうびんきょく) 우체국

家(いえ) 집 | 寿司(すし) 초밥

Ⅰ 다음 한자의 히라가나와 뜻을 쓰세요.

1 韓国 ➡ [＿＿＿＿] [＿＿＿＿]

2 映画 ➡ [＿＿＿＿] [＿＿＿＿]

3 空港 ➡ [＿＿＿＿] [＿＿＿＿]

4 学校 ➡ [＿＿＿＿] [＿＿＿＿]

5 電話 ➡ [＿＿＿＿] [＿＿＿＿]

Ⅱ 다음 낱말을 가타카나로 쓰세요.

6 버스 ➡ [＿＿＿＿]

7 터미널 ➡ [＿＿＿＿]

8 커피 ➡ [＿＿＿＿]

Ⅲ 다음 문장을 일본어로 쓰세요.

9 처음 뵙겠습니다. 저는 야마구치(山口)라고 합니다.

➡ ＿＿＿＿＿＿＿＿＿＿＿＿＿＿＿＿＿＿＿＿＿＿＿＿＿＿。

10 역까지 어떻게 가면 됩니까?

➡ ＿＿＿＿＿＿＿＿＿＿＿＿＿＿＿＿＿＿＿＿＿＿＿＿＿＿。

11 버스를 타고 서울역(ソウル駅)까지 와 주세요.

➡ ＿＿＿＿＿＿＿＿＿＿＿＿＿＿＿＿＿＿＿＿＿＿＿＿＿＿。

12 친구와 함께 영화를 보러 갑니다.

➡ ＿＿＿＿＿＿＿＿＿＿＿＿＿＿＿＿＿＿＿＿＿＿＿＿＿＿。

だい がく　がく せい　せい かつ　かつ どう
大学 学生 生活 活動

대학　　학생　　생활　　활동

한자 쓰기

大学 | だいがく
    | 대학

大学			

学生 | がくせい
    | 학생

学生			

生活 | せいかつ
    | 생활

生活			

活動 | かつどう
    | 활동

活動			

A 다음 내용을 듣고 일치하는 그림을 고르세요.

①

②

③

④

정답 (   )

B 내용을 듣고 (   ) 안에 알맞은 말을 일본어로 적으세요.

> 私は小さいときから日本にとても関心がありました。それで機会
> が(   )一度日本へ留学してみたいと思っていました。
> 特に私は日本の伝統文化に興味を(   )います。
> できれば京都に(   )舞子や古いお寺を見ながら写真を
> 撮ってみたいと思っています。

아래 등장인물 소개를 보고 일본어로 자기 소개를 해 봅시다.

① 今井 春香
_{いま い はる か}

２８歳 公務員(공무원)
_{さい} _{こう む いん}

専攻(전공) : 歴史(역사)
_{せんこう} _{れき し}

趣味(취미) : 読書(독서), 料理(요리)
_{しゅ み} _{どくしょ} _{りょう り}

② 小林 拓也
_{こ ばやし たく や}

４０歳 医者(의사)
_{さい} _{い しゃ}

専攻(전공) : 医学(의학)
_{せんこう} _{い がく}

趣味 : 音楽鑑賞(음악감상), 剣道(검도)
_{おんがくかんしょう} _{けんどう}

③ イ サンフン

３１歳 会社員(회사원)
_{かいしゃいん}

専攻(전공) : 経済(경제)
_{けいざい}

趣味(취미) : サッカー(축구), ギターを弾くこと(기타 치기)
_ひ

④ ムン サンジュン

２４歳 S大学 ３年生
_{だいがく} _{ねんせい}

専攻(전공) : 機械(기계)
_{き かい}

趣味(취미) : コンピューター(컴퓨터), 映画鑑賞(영화감상)
_{えい が かんしょう}

⑤ キム サラ

３３歳 主婦(주부)
_{しゅ ふ}

専攻(전공) : 美術(미술)
_{び じゅつ}

趣味(취미) : 折り紙(종이접기), 水泳(수영)
_{お がみ} _{すいえい}

unit 02

がい こく じん とう ろく しょう しん せい
外国人登録証の申請

외국인 등록증 신청

リン　ムンさんはもう外国人登録証（がいこくじんとうろくしょう）を持（も）っていますか。

ムン　いいえ、まだです。どこで作（つく）るんですか。

リン　区役所（くやくしょ）で作ります。

ムン　リンさんはもう作りましたか。

リン　いいえ、私もまだ作っていないんです。

ムン　それでは、一緒（いっしょ）に行（い）きませんか。

リン　いいですよ。行きましょう。

01 동사의 ます형(〜ます・〜ました・〜ません・〜ませんでした)

1그룹 동사 (5단동사)	① る로 끝나되 바로 앞이 a, u, o단인 경우 예 <u>あ</u>る つ<u>く</u>る <u>と</u>る a k+u t+o ② る로 끝나지 않는 모든 동사 (う, く, ぐ, す, つ, ぬ, ぶ, む) 예 会う 行く 話す 飲む	예 u단 → i단 + ます 行く → いきます 読む → よみます 待つ → まちます ある → あります 話す → はなします 撮る → とります 作る → つくります 帰る → かえります
	(예외 5단동사) 형태상은 2그룹, 활용은 1그룹 예 帰る 入る 要る 切る しゃべる 등	
2그룹 동사 (상1단동사 하1단동사)	る로 끝나되 바로 앞이 i단 또는 e단인 경우 예 <u>み</u>る た<u>べ</u>る おし<u>え</u>る 등 m+i b+e e	る + ます 見る → みます 食べる → たべます 教える → おしえます
3그룹 동사 (カ행변격동사 サ행변격동사)	来る 오다 → 来ます する 하다 → します	くる → きます する → します

02 보통체 + んです

書く	書きます	書くんです	見る	見ます	見るんです
飲む	飲みます	飲むんです	食べる	食べます	食べるんです
会う	会います	会うんです	する	します	するんです
帰る	帰ります	帰るんです	来る	来ます	来るんです

例 今日は7時に友達に会います。

区役所で外国人登録証を作りました。

11時ごろ家へ帰ります。

私は朝ご飯を食べません。

明日も朝早く学校へ行くんですか。

ここで何をしているんですか。

今日も図書館でレポートを書くんですか。

キムさんはいつ来るんですか。

今学校の前で待っているんですか。

낱말과 표현

友達(ともだち) 친구 | 区役所(くやくしょ) 구청 | 外国人登録証(がいこくじんとうろくしょう) 외국인 등록증
作(つく)る 만들다 | 朝(あさ)ご飯(はん) 아침밥 | 早(はや)く 일찍 | 学校(がっこう) 학교 | レポート 리포트
いつ 언제

다음 보기와 같이 연습해 보세요.

Ⅰ 보기

A: ムンさんはもう外国人登録証を持っていますか。

B: いいえ、まだです。

1 学生証　　　　　　　　　　　　2 携帯
3 図書館のカード　　　　　　　　4 保険証

Ⅱ 보기

A: どこで作るんですか。

B: 区役所で作ります。

1 学生課　　　　　　　　　　　　2 市役所
3 銀行　　　　　　　　　　　　　4 保健所

Ⅲ 보기

A: もう作りましたか。

B: いいえ、まだ作っていません。

1 食べる　　　　　　　　　　　　2 来る
3 見る　　　　　　　　　　　　　4 できる

낱말과 표현

学生証(がくせいしょう) 학생증 | 携帯(けいたい) 휴대, 휴대전화 | 保険証(ほけんしょう) 보험증

図書館(としょかん) 도서관 | カード 카드 | 学生課(がくせいか) 학생과 | 市役所(しやくしょ) 시청

銀行(ぎんこう) 은행 | 保健所(ほけんじょ) 보건소 | できる 다 되다, 완성하다

보기

A：一緒に花見に行きませんか。

B：いいですよ。

1 A：一緒に食事でもしませんか。

　 B：すみません。約束があって。

2 A：一緒にドライブに行きませんか。

　 B：本当ですか。いいですよ。

3 A：一緒に図書館で勉強しませんか。

　 B：2時間ぐらいならいいです。

낱말과 표현

花見(はなみ) 벚꽃 구경 | 食事(しょくじ) 식사 | 約束(やくそく) 약속 | 図書館(としょかん) 도서관

勉強(べんきょう) 공부 | 2時間(にじかん) 2시간 | ～ぐらい ～정도

I 다음 한자의 히라가나와 뜻을 쓰세요.

1 食事 ➡ [　　　　　] [　　　　　]

2 図書館 ➡ [　　　　　] [　　　　　]

3 携帯 ➡ [　　　　　] [　　　　　]

4 時計 ➡ [　　　　　] [　　　　　]

5 約束 ➡ [　　　　　] [　　　　　]

II 다음 낱말을 가타카나로 쓰세요.

6 카드 ➡ [　　　　　　　]

7 레포트 ➡ [　　　　　　　]

8 드라이브 ➡ [　　　　　　　]

III 다음 문장을 일본어로 쓰세요.

9 아침밥을 먹었습니까? 아니요. 아직…….

➡ _____。

10 그 영화는 아직 안 봤습니다.

➡ _____。

11 실례합니다. 여권(パスポート)은 어디에서 만듭니까?

➡ _____。

12 같이 산책(散歩)하러 가지 않겠습니까?

➡ _____。

アメリカ カード ドライブ ブラウス

아메리카 　 카드 　 드라이브 　 블라우스

アメリカ
あめりか
아메리카, 미국

アメリカ			

カード
かーど
카드

カード			

ドライブ
どらいぶ
드라이브

ドライブ			

ブラウス
ぶらうす
블라우스

ブラウス			

A 다음 내용을 듣고 ① ② ③ 중에서 내용과 관계 없는 그림을 고르세요.

①	②	③
사진 찍어 오세요.	여기에 써 주세요.	펜 좀 빌려 주세요.

정답 (   )

B 내용을 듣고 (   ) 안에 알맞은 말을 일본어로 적으세요.

今日は区役所に(   )登録証と保険の申請に行ってきました。日本に着いたばかりなのにすることがたくさんあって大変です。

明日は学校で学生証と図書館のカードを(   )。

早く図書館のカードを作って、本を借りたいと思います。

これから日本語の本をたくさん(   )一生懸命勉強する(   )です。

외국인등록증

일본에 체류하는 외국인은 일본에 온 날부터 90일 이내에 구야쿠쇼(区役所 : 우리 나라의 구청에 해당되는 곳)나 시야쿠쇼(市役所 : 우리 나라의 시청에 해당되는곳)에서 외국인등록을 하게 되어 있습니다.

등록을 마치면 외국인등록증이 발급되는데, 16세 이상의 외국인은 항상 외국인등록증을 신분증처럼 가지고 다니면서 경찰관이나 경비원 등이 요청할 경우에 보여줄 의무가 있습니다.

단. 관광목적이나 단기어학연수처럼 90일 이내에 출국할 경우는 특별히 외국인등록을 안 해도 지장이 없습니다.

등록신청시 제출서류

1. 외국인등록신청서
   이름, 국적, 생년월일, 일본내 거주주소, 국내 출생지, 여권 번호와 발행일, 체류기간, 체류자격 등을 적음.
2. 사진 2장
3. 여권

いえ さが
家探し 집 구하기

リン　ムンさんの寮はどこにありますか。

ムン　ダイスキ日本語学院から歩いて１０分のところに
　　　あります。リンさんの家は?

リン　新宿駅から自転車で５分のところです。

ムン　家賃はいくらぐらいですか。

リン　一ヶ月8万5千円です。

ムン　ずいぶん高いですね。

낱말과 표현

寮(りょう) 기숙사, 숙소 | 日本語学院(にほんごがくいん) 일본어학원(＝日本語学校) | 〜はどこにありますか
〜는 어디에 있습니까 | 〜から歩(ある)いて 〜에서 걸어서 | 10分(じゅっぷん)のところ 10분 걸리는 곳
新宿駅(しんじゅくえき) 신주쿠 역 | 自転車(じてんしゃ) 자전거 | 交通手段+で 〜로 | 家賃(やちん) 집세
いくらぐらい 얼마 정도 | 一ヶ月(いっかげつ) 1개월 | 一ヶ月〜円です 한 달에 〜엔입니다 | ずいぶん 꽤, 제법

01 숫자

1 いち	10 じゅう	100 ひゃく	1000 せん	10000 いちまん
2 に	20 にじゅう	200 にひゃく	2000 にせん	20000 にまん
3 さん	30 さんじゅう	300 さんびゃく	3000 さんぜん	30000 さんまん
4 し・よん	40 よんじゅう	400 よんひゃく	4000 よんせん	40000 よんまん
5 ご	50 ごじゅう	500 ごひゃく	5000 ごせん	50000 ごまん
6 ろく	60 ろくじゅう	600 ろっぴゃく	6000 ろくせん	60000 ろくまん
7 しち・なな	70 なな(しち)じゅう	700 ななひゃく	7000 ななせん	70000 ななまん
8 はち	80 はちじゅう	800 はっぴゃく	8000 はっせん	80000 はちまん
9 きゅう・く	90 きゅうじゅう	900 きゅうひゃく	9000 きゅうせん	90000 きゅうまん
10 じゅう	100 ひゃく	1000 せん	10000 いちまん	100000 じゅうまん

〈연습〉

47	→	よんじゅうなな・よんじゅうしち
330	→	さんびゃくさんじゅう
680	→	ろっぴゃくはちじゅう
6500	→	ろくせんごひゃく
15300	→	いちまんごせんさんびゃく
350000	→	さんじゅうごまん

02 시간 표현

いちじ	にじ	さんじ	よじ	ごじ	ろくじ
しちじ	はちじ	くじ	じゅうじ	じゅういちじ	じゅうにじ

1分	2分	3分	4分	5分
いっぷん	にふん	さんぷん	よんぷん	ごふん
6分	7分	8分	9分	10分
ろっぷん	ななふん	はっぷん	きゅうふん	じゅっぷん
20分	30分	40分	50分	
にじゅっぷん	さんじゅっぷん	よんじゅっぷん	ごじゅっぷん	

03 ～で ① (장소)+에서 ② (방법, 교통수단)+로

예 スーパーの前で待っています。

部屋でラジオを聞いています。

日本語で話してもいいですか。

家から会社までバスで１時間ぐらいかかります。

낱말과 표현

スーパー 슈퍼, 슈퍼마켓 | 部屋(へや) 방 | ラジオ 라디오 | 家(いえ・うち) 집 | 会社(かいしゃ) 회사 | バス 버스
一時間(いちじかん) 1시간

다음 보기와 같이 연습해 보세요.

I 보기

　　A：ムンさんの寮はどこにありますか。

　　B：ダイスキ日本語学院から歩いて１０分のところにあります。

1　中山・家・駅・２０分

2　佐藤・会社・東京駅前のバス停・５分

3　矢田・寮・ダイスキホテル・３０分

II 보기

　　A：あのう、家賃はいくらぐらいですか。

　　B：１ヶ月８万５千円です。

1　受講料・１ヶ月　　１２万円

2　授業料・１学期　　４０万円

3　会費・毎年　６千円

낱말과 표현

寮(りょう) 기숙사, 숙소 ｜ バス停(てい) 버스정류장 ｜ ホテル 호텔 ｜ 一ヶ月(いっかげつ) 1개월
家賃(やちん) 집세 ｜ 受講料(じゅこうりょう) 수강료 ｜ 授業料(じゅぎょうりょう) 수업료 ｜ 会費(かいひ) 회비
毎年(まいとし) 매년

A：ダイスキ日本語学院はどこにありますか。

B：私の家から歩いて１０分のところにあります。

1 駅前のバス停・上野駅・自転車で５分ぐらい

2 たばこの自動販売機・ここ・歩いて３分

3 郵便局・このスーパー・タクシーで５分

A：全部でいくらですか。

B：６５００円です。

1. ７７０円   2. ３３００円   3. ５８００円

4. ８０００円   5. １２５００円

낱말과 표현

自転車(じてんしゃ) 자전거 | たばこ 담배 | 自動販売機(じどうはんばいき) 자동판매기

郵便局(ゆうびんきょく) 우체국 | タクシー 택시

Ⅰ 다음 한자의 히라가나와 뜻을 쓰세요.

1 家 ➡ [   ] [   ]

2 駅 ➡ [   ] [   ]

3 家賃 ➡ [   ] [   ]

4 授業 ➡ [   ] [   ]

5 寮 ➡ [   ] [   ]

Ⅱ 다음 낱말을 가타카나로 쓰세요.

6 택시 ➡ [   ]

7 호텔 ➡ [   ]

8 슈퍼 ➡ [   ]

Ⅲ 다음 문장을 일본어로 쓰세요.

9 집에서 회사까지 버스로 20분 정도 걸립니다.

➡ _____。

10 역에서 걸어서 5분 정도 걸리는 곳입니다.

➡ _____。

11 집세는 한 달에 얼마 정도입니까?

➡ _____。

12 일본의 집세는 한국보다 꽤 비싸군요.

➡ _____。

がく いん　いん ちょう　ちょう おん　おん がく
学院　院長　長音　音楽
학원　　　원장　　　장음　　　음악

한자 쓰기

学院 | がくいん
学院 | 학원

学院			

院長 | いんちょう
院長 | 원장

院長			

長音 | ちょうおん
長音 | 장음

長音			

音楽 | おんがく
音楽 | 음악

音楽			

A 다음 내용을 듣고 일치하는 그림을 고르세요.

①

②

③

④

정답 (   )

B 내용을 듣고 (   ) 안에 알맞은 말을 일본어로 적으세요.

日本に来て一ヶ月が過ぎたので寮の生活にも(   )慣れました。

寮はダイスキ日本語学院から歩いて5分(   )のところにあります

からとても便利です。

(   )部屋もきれいだし、食事もおいしいです。

ルームメイトはインド人です。はじめはどんな人か心配でしたが、

とてもおもしろい人で、今では１番の仲良しに(   )。

敷金과 礼金
しききん　れいきん

일본에서 집을 얻을 때 알아 두어야 할 사항입니다.
일본은 우리와 같이 전세라는 개념이 없고, 월세가 대부분입니다. 보증금(敷金)과 월세를 내는 것은 우리와 비슷하지만, 여기에 추가로 礼金(れいきん)이라는 일본 특유의 권리금이 추가됩니다.

敷金(しききん)

월세보증금과 같은 개념으로 담보로 집주인에게 맡기는 돈입니다. 보통 1~3개월치 월세에 해당하는 금액을 내고, 나중에 집을 나갈 때 돌려받습니다. 단, 월세를 밀리거나 집을 훼손했을 경우는 해당 액수만큼 敷金에서 제하고 돌려 받게 됩니다.

礼金(れいきん)

礼金은 전쟁직후 일본이 주택난이었을 때, 집을 빌려줘서 고맙다는 표시로 집주인에게 주던 사례금이 시초라고 알려져 있습니다. 이것은 도쿄 지역을 중심으로 이어진 일본의 관행이라고 합니다. 보통 1~3개월치 월세에 해당하는 돈을 집주인에게 주는데, 敷金과 달리 집을 나갈 때 돌려받지 못합니다. 지역에 따라서는 礼金이 없는 집도 있습니다.

ノートパソコン 노트북

矢田　わあ、このノートパソコンとてもいいですね。

ムン　日本に来る前に母が買ってくれました。

矢田　うらやましいですね。

ムン　矢田さんも使ってもいいですよ。

矢田　ありがとう。時々使わせてください。

ムン　昨日は夜遅くまで韓国の友達とチャットをしました。

とても楽しかったですよ。

낱말과 표현

ノートパソコン 노트북 | 동사 기본형 + 前(まえ)に ~하기 전에 | ~てくれました ~해 주었습니다
うらやましい 부럽다 | ~てもいいです ~해도 됩니다(좋습니다) | 時々(ときどき) 때때로 | 使(つか)う 사용하다, 쓰다
~(さ)せてください ~하게 해 주세요 | 夜(よる) 밤, 저녁 | 遅(おそ)く 늦게 | 友達(ともだち) 친구 | チャット 채팅
楽(たの)しい 즐겁다

01 やりもらい 표현

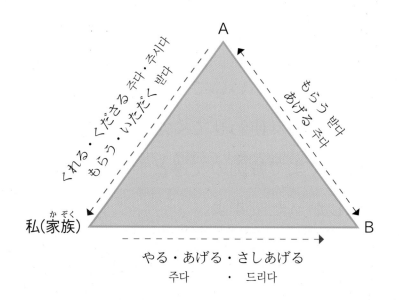

例 この靴は田中先輩に送ってもらいました。

山口さんは私に傘を貸してくれました。

私は友達に私のノートパソコンを貸してあげました。

私は子供に歌を歌ってあげました。

先生は私に英語を教えてくださいました。

→ 私は先生に英語を教えていただきました。

02 い형용사와 な형용사의 활용

	い형용사	예문	な형용사	예문
기본형	～い	楽^{たの}しい 楽しい	～だ	親切^{しんせつ}だ 親切だ
정중형	～い＋です	楽しいです	だ＋です	親切です
부정형	～くないです (=くありません)	楽しくないです (=楽しくありません)	だ＋ではありません (=じゃないです)	親切では ありません (=親切じゃないです)
과거형	～かった かったです	楽しかった 楽しかったです	だ＋だった だ＋でした	親切だった 親切でした
과거 부정형	～くなかったです (=くありません でした)	楽しくなかったです (=楽しくありません でした)	だではありません でした(=じゃな かったです)	親切ではありません でした(=親切じゃな かったです)
명사 수식	～い＋명사	楽しい 旅行^{りょこう}	だ→な＋명사	親切な人^{ひと}
부사형	い＋く	楽しく	だ＋に	親切に
문장 연결형	い＋くて	楽しくて	だ＋で	親切で

예 先週^{せんしゅう}の土曜日^{どようび}に友達^{ともだち}と海^{うみ}へ行^いって来^きました。とても楽^{たの}しかったです。

昨日^{きのう}映画^{えいが}を見^みましたが、あまりおもしろくありませんでした。

京都^{きょうと}は東京^{とうきょう}より静^{しず}かでした。

そのレストランは安^{やす}くておいしかったですが、店員^{てんいん}があまり親切^{しんせつ}じゃありませんでした。

낱말과 표현

先輩(せんぱい) 선배 | 送(おく)る 보내다 | 傘(かさ) 우산 | 貸(か)す 빌려주다 | 海(うみ) 바다 | 楽(たの)しい 즐겁다
映画(えいが) 영화 | 静(しず)かだ 조용하다 | レストラン 레스토랑 | 店員(てんいん) 점원
親切(しんせつ)だ 친절하다

다음 보기와 같이 연습해 보세요.

Ⅰ 보기

A : このノートパソコンとてもいいですね。

B : 母_{はは}が買_かってくれました。

1 かばん・兄_{あに}

2 時計_{とけい}・父_{ちち}

3 ネクタイ・姉_{あね}

4 デジカメ・先輩_{せんぱい}

Ⅱ 보기

A : この電話_{でんわ}、使_{つか}ってもいいですか。

B : はい、(使_{つか}っても)いいです。 ／ いいえ、(使_{つか}っては)いけません。

1 ここでたばこを吸_すう   2 ここで写真_{しゃしん}を撮_とる

3 この席_{せき}に座_{すわ}る   4 もう料理_{りょうり}を食_たべる

낱말과 표현

ノートパソコン 노트북 ┃ 時計(とけい) 시계 ┃ ネクタイ 넥타이 ┃ ブラウス 블라우스 ┃ デジカメ 디지털 카메라

電話(でんわ) 전화 ┃ たばこ 담배 ┃ 写真(しゃしん) 사진 ┃ 席(せき) 자리 ┃ もう 이제, 벌써 ┃ 料理(りょうり) 요리

A：わあ、この靴とてもいいですね。
B：日本に来る前に母に買ってもらいました。

1 車・就職する・父

2 家・結婚する・両親

3 コンピューター・高校に入学する・母

4 携帯・大学に入る・兄

낱말과 표현

就職(しゅうしょく) 취직 ｜ 結婚(けっこん) 결혼 ｜ 両親(りょうしん) 부모, 양친 ｜ コンピューター 컴퓨터

高校(こうこう) 고교 ｜ 入学(にゅうがく) 입학 ｜ 携帯(けいたい) 휴대, 휴대 전화

Ⅳ 보기

A：昨日は夜遅くまで韓国の友達とチャットをしました。

B：それは楽しかったでしょう。

1 恋人・デートをする・楽しい

2 会社の同僚・残業する・大変だ

3 友達・アニメを見る・おもしろい

낱말과 표현

恋人(こいびと) 애인 | デート 데이트 | 同僚(どうりょう) 동료 | 残業(ざんぎょう) 야근, 잔업

大変(たいへん)だ 힘들다 | アニメ 애니메이션 | おもしろい 재미있다

44

Ⅰ 다음 한자의 히라가나와 뜻을 쓰세요.

1 結婚 ➡ [　　　　] [　　　　]

2 電話 ➡ [　　　　] [　　　　]

3 写真 ➡ [　　　　] [　　　　]

4 残業 ➡ [　　　　] [　　　　]

5 同僚 ➡ [　　　　] [　　　　]

Ⅱ 다음 낱말을 가타카나로 쓰세요.

6 노트북 ➡ [　　　　　　]

7 데이트 ➡ [　　　　　　]

8 넥타이 ➡ [　　　　　　]

Ⅲ 다음 문장을 일본어로 쓰세요.

9 이것은 친구가 사 준 가방입니다. 귀엽죠?

➡ _____。

10 집에 돌아가도 됩니까?

➡ _____。

11 어제는 밤 늦게까지 친구와 술을 마셨습니다.

➡ _____。

12 일본으로의 여행은 어땠습니까? / 아주 즐거웠습니다.

➡ _____。

ネクタイ インターネット トイレ レベル
넥타이 인터넷 화장실 레벨

ネクタイ
ねくたい
넥타이

ネクタイ			

インターネット
いんたーねっと
인터넷

インターネット			

トイレ
といれ
화장실

トイレ			

レベル
れべる
레벨

レベル			

A 다음 내용을 듣고 일치하는 내용을 ① ② ③ ④ 중에서 고르세요.

정답 (   )

B 내용을 듣고 (   ) 안에 알맞은 말을 일본어로 적으세요.

私のルームメートはインド人です。日本の自動車(   )関心が
(   )日本に来ました。
この前、東京モーターショーに関する資料を(   )と言っ
たので、コンピューターを貸して(   )。

しゅう まつ　けい かく
週末の計画 주말 계획

江川	ムンさん、週末何か予定がありますか。
ムン	いいえ、別に。
江川	それじゃ、一緒に映画でも見に行きませんか。
ムン	見に行きたいんですが、まだ日本語がよくわからなくて。
江川	それじゃ、ショッピングに行きませんか。
ムン	いいですね。ちょうどデジカメが買いたかったんです。

낱말과 표현

週末(しゅうまつ) 주말 | 予定(よてい) 예정 | 別(べつ)に 별로, 특별히 | それじゃ 그럼, 그러면 |
一緒(いっしょ)に 같이, 함께 | 映画(えいが) 영화 | ~でも ~라도, ~든지 | ショッピング 쇼핑 | ちょうど 마침, 딱
デジカメ 디지털 카메라

01 ます형 활용 총정리

	의미	예문
～ます・～ました ～ません・～ませんでした	～합니다・～했습니다 ～안 합니다・～하지 않았습니다	買います・買いました 買いません・買いませんでした
～ましょう	～합시다	買いましょう
～ましょうか	～할까요?	買いましょうか
～ませんか	～하지 않겠습니까?	買いませんか
～に 行く	～하러 가다	買いに 行く
～たい(です)	～하고 싶다	買いたい(です)
～たく ない(です)	～하고 싶지 않다	買いたく ない(です)
～たかった(です)	～하고 싶었다	買いたかった(です)
～たがる(제3자)	～하고 싶어하다 (제3자)	キムさんは靴を買いたがっている
～方(かた)	～하는 법	買い方
～ながら	～하면서	買いながら
～すぎる	너무(지나치게) ～하다	買いすぎる
～やすい(です)	～하기 쉽다	買いやすい(です)
～にくい(です)	～하기 어렵다, ～하기 힘들다	買いにくい(です)
～なさい	～하세요, 하시오	買いなさい

例 図書館へ本を借りに行きましょう。

音楽を聞きながら運動します。

この漢字の読み方を教えてください。

キムさんの名前は覚えやすいですね。

早く宿題しなさい。

02　동작성 명사 + に行く(来る/帰る)

例 一緒に散歩に行きましょう。

私もデパートへ買い物に行きたいです。

今度の土曜日に花見に行きませんか。

日曜日なら釣りに行けますか。

今夜家に食事に来ませんか。

財布を取りに急いで家に帰りました。

낱말과 표현

図書館(としょかん) 도서관 | 借(か)りる 빌리다 | 音楽(おんがく) 음악 | 運動(うんどう) 운동 | 漢字(かんじ) 한자
名前(なまえ) 이름 | 宿題(しゅくだい) 숙제 | 散歩(さんぽ) 산책 | デパート 백화점 | 買(か)い物(もの) 쇼핑, 장보기
今度(こんど) 이번 | 花見(はなみ) 벚꽃구경 | ～なら ～라면 | 釣(つ)り 낚시 | 今夜(こんや) 오늘 밤
食事(しょくじ) 식사 | 財布(さいふ) 지갑 | 取(と)る 집다, 잡다 | 急(いそ)ぐ 서두르다

z

다음 보기와 같이 연습해 보세요.

Ⅰ 보기

A : 週末何か予定がありますか。

B : いいえ、別に。

1 約束　　　　　2 計画　　　　　3 すること

Ⅱ 보기

A : 一緒に映画でも見に行きませんか。

B : 見に行きたいんですが、まだ日本語がよくわからなくて。

1 約束があって

2 家に用事があって

3 明日までにレポートを書かなければならなくて

4 体の調子が悪くて

낱말과 표현

週末(しゅうまつ) 주말 | 何(なに)か 뭔가 | 予定(よてい) 예정 | 別(べつ)に 별로, 특별히 | 約束(やくそく) 약속

計画(けいかく) 계획 | すること 할일 | 用事(ようじ) 볼일, 용무 | レポート 리포트 | 体(からだ) 몸

調子(ちょうし)が悪(わる)い 컨디션이 좋지 않다

52

A：ショッピングに行きませんか。

B：いいですね。ちょうどデジカメが買いたかったんです。

1 買い物・甘^{あま}いものがほしい

2 ドライブ・海^{うみ}が見たい

3 散歩^{さんぽ}・外^{そと}の空気^{くうき}が吸^すいたい

Ⅰ 다음 한자의 히라가나와 뜻을 쓰세요.

1 買い物 ➡ ☐ ☐

2 週末 ➡ ☐ ☐

3 約束 ➡ ☐ ☐

4 散歩 ➡ ☐ ☐

5 漢字 ➡ ☐ ☐

Ⅱ 다음 낱말을 가타카나로 쓰세요.

6 쇼핑 ➡ ☐

7 디지털카메라 ➡ ☐

8 백화점 ➡ ☐

Ⅲ 다음 문장을 일본어로 쓰세요.

9 토요일에 같이 놀러 가지 않겠습니까?

➡ _____。

10 내일 식사 하러 갑시다.

➡ _____。

11 마침 저도 영화를 보고 싶었어요.

➡ _____。

12 공항에 친구를 마중하러 갔습니다.

➡ _____。

じん せい　　せい ぶつ　　ぶつ り　　り ゆう
人生　生物　物理　理由
인생　　　　생물　　　　물리　　　　이유

한자 쓰기

人生	じんせい 인생			
人生			

生物	せいぶつ 생물			
生物			

物理	ぶつり 물리			
物理			

理由	りゆう 이유			
理由			

A 내용을 듣고 무엇을 사려고 하는지를 ① ② ③ ④ 중에서 고르세요.

정답 (　　　　　　)

B 내용을 듣고 (　　　) 안에 알맞은 말을 일본어로 적으세요.

週末にルームメイトとデジカメを(　　　)行きました。初めは
３万円以内で買おうと思っていました(　　　)、実際にいろい
ろ見てみるともっといい物が欲しくなってしまいました。結局
、４万５千円の物を買って(　　　)。お金がもったいないかな
と思いましたが、きれいに写る(　　　)後悔していません。

읽기 연습

　私は父が仕事の関係で日本へよく行っていたので、よく日本のお土産をもらいました。それで小さいころから日本にとても関心がありました。いつか自分も日本へ行ってみたいと思っていました。今回それが留学という形で実現できたのでとてもうれしかったです。

　日本に着いて最初にこれから留学生活を送る学校や寮の中を案内されました。ルームメートにも紹介されました。私のルームメートはインドの人です。初めはどんな人なのか心配でしたが、彼はとても親切で面白い人だったのですぐに仲良くなりました。今では何でも話せる親友になりました。外国人登録や保険の申請に行ってくれたのも彼でした。

　彼はとてもまじめで授業に遅れることも宿題を忘れることもありません。毎日一生懸命勉強しています。私も見習わなければなりません。けれども私がまねできないことがあります。それは毎朝早く起きてジョギングすることです。体のために走ったほうがいいのですが、私は早起きが苦手なので、これだけはできません。私は家族と離れて暮らすのも外国で暮らすのも初めてでした。寂しくなったり困ったことが起きたときにいい相談相手になってくれました。

　先日デジカメが欲しくなって、秋葉原へ行きました。インターネットで調べておいたので迷うことはないと思っていましたが、実際に製品を見るともっといい物が欲しくなってしまいました。結局、予算を２万円も超えた高い物を買ってしまいました。お金は使いすぎましたが、とてもきれいに写るので、やっぱり高い方を買ってよかったと思っています。

　日本に来てもう３ヶ月も経ちましたので日本の生活にもだいぶ慣れてきました。残りの時間を大切に使って後悔しない留学生活が送れるように頑張りたいと思っています。

낱말과 표현

関係(かんけい) 관계 | お土産(みやげ) 선물 | 小(ちい)さいころ 어렸을 적 | 関心(かんしん) 관심 | 形(かたち) 형태 | 実現(じつげん) 실현 | 着(つ)く 도착하다 | 案内(あんない)される 안내되다 | 仲良(なかよ)く 사이좋게 | 親友(しんゆう) 아주 친한 친구 | 申請(しんせい) 신청 | 遅(おく)れる (시간에) 늦다 | 見習(みなら)う 본받다 | 苦手(にがて) 잘하지 못함 | 離(はな)れる 떨어지다 | 暮(く)らす 살다 | 相談相手(そうだんあいて) 상담 상대 | 秋葉原(あきはばら) 아키하바라(지명) | 調(しら)べる 조사하다 | ～ておく ～해 두다 | 迷(まよ)う 망설이다 | 実際(じっさい) 실제 | 製品(せいひん) 제품 | 結局(けっきょく) 결국 | 予算(よさん) 예산 | 超(こ)える 넘다 | 使(つか)いすぎる 너무 쓰다 | 写(うつ)る 찍히다 | 慣(な)れる 익숙해지다 | 残(のこ)りの～ 남은～ | 大切(たいせつ) 소중함 | 後悔(こうかい) 후회

1~5과 낱말과 표현 정리

1과

- □ 到着(とうちゃく) 도착
- □ 空港(くうこう) 공항
- □ 地理(ちり) 지리
- □ ~に詳(くわ)しい ~에 정통하다,
  ~에 대해 잘 알다
- □ まず 우선, 먼저
- □ リムジンバス 리무진 버스
- □ ~に乗(の)る ~를 타다
- □ 降(お)りる 내리다
- □ すぐ 곧, 바로
- □ 迎(むか)える 마중하다
- □ 部屋(へや) 방
- □ 小説(しょうせつ) 소설
- □ 卒業(そつぎょう) 졸업
- □ 勉強(べんきょう) 공부
- □ ビール 맥주
- □ 話(はなし) 이야기
- □ たばこを吸(す)う 담배를 피우다
- □ 誰(だれ) 누구
- □ 子供(こども)たち 아이들
- □ 公園(こうえん) 공원
- □ 遊(あそ)ぶ 놀다
- □ サッカー 축구
- □ お酒(さけ) 술
- □ 文法(ぶんぽう) 문법
- □ 漢字(かんじ) 한자
- □ 強(つよ)い 강하다
- □ 外国人(がいこくじん) 외국인
- □ 弱(よわ)い 약하다
- □ 靴(くつ) 구두
- □ 借(か)りる 빌리다
- □ お皿(さら) 접시

- □ 洗(あら)う 씻다, 닦다
- □ 掃除(そうじ) 청소
- □ 郵便局(ゆうびんきょく) 우체국
- □ 料理(りょうり) 요리
- □ 寿司(すし) 초밥
- □ 疲(つか)れる 피곤하다
- □ 国際電話(こくさいでんわ) 국제전화
- □ 関心(かんしん) 관심
- □ 機会(きかい) 기회
- □ 留学(りゅうがく) 유학
- □ 伝統文化(でんとうぶんか) 전통문화
- □ 興味(きょうみ) 흥미
- □ お寺(てら) 절

2과

- □ 登録証(とうろくしょう) 등록증
- □ 申請(しんせい) 신청
- □ まだ 아직
- □ 区役所(くやくしょ) 구청
- □ 作(つく)る 만들다
- □ 一緒(いっしょ)に 같이, 함께
- □ 朝(あさ)ごはん 아침밥
- □ 早(はや)く 일찍, 빨리
- □ 学生証(がくせいしょう) 학생증
- □ 携帯(けいたい) 휴대, 휴대전화
- □ 保険証(ほけんしょう) 보험증
- □ 図書館(としょかん) 도서관
- □ カード 카드
- □ 学生課(がくせいか) 학생과
- □ 市役所(しやくしょ) 시청
- □ 銀行(ぎんこう) 은행
- □ 保健所(ほけんじょ) 보건소
- □ できる 다 되다, 할 수 있다

- □ 花見(はなみ) 벚꽃 구경
- □ 食事(しょくじ) 식사
- □ 約束(やくそく) 약속
- □ ~ぐらい ~정도
- □ 必要事項(ひつようじこう) 필수사항
- □ 写真(しゃしん) 사진

3과

- □ 寮(りょう) 기숙사, 숙소
- □ 学院(がくいん) 학원
- □ 自転車(じてんしゃ) 자전거
- □ 家賃(やちん) 집세
- □ いくらぐらい 얼마 정도
- □ ずいぶん 꽤, 제법
- □ ~から歩(ある)いて ~에서 걸어서
- □ 10分(じゅっぷん)のところ
  10분 걸리는 곳
- □ スーパー 슈퍼, 슈퍼마켓
- □ バス停(てい) 버스정류장
- □ ホテル 호텔
- □ 受講料(じゅこうりょう) 수강료
- □ 授業料(じゅぎょうりょう) 수업료
- □ 会費(かいひ) 회비
- □ 毎年(まいとし) 매년
- □ 自動販売機(じどうはんばいき)
  자동판매기
- □ 郵便局(ゆうびんきょく) 우체국
- □ 立派(りっぱ)だ 훌륭하다
- □ 去年(きょねん) 작년
- □ お風呂(ふろ) 욕실
- □ 洗濯機(せんたくき) 세탁기
- □ 少(すく)ない 적다

4과

- ノートパソコン 노트북
- うらやましい 부럽다
- 時々(ときどき) 때때로
- 使(つか)う 사용하다, 쓰다
- 夜(よる) 밤
- 遅(おそ)く 늦게
- チャット 채팅
- 楽(たの)しい 즐겁다
- 先輩(せんぱい) 선배
- 送(おく)る 보내다
- 傘(かさ) 우산
- 貸(か)す 빌려주다
- 海(うみ) 바다
- 静(しず)かだ 조용하다
- 店員(てんいん) 점원
- 親切(しんせつ)だ 친절하다
- 時計(とけい) 시계
- デジカメ 디지털 카메라
- 席(せき) 자리
- 就職(しゅうしょく) 취직
- 結婚(けっこん) 결혼
- 両親(りょうしん) 부모, 양친
- 入学(にゅうがく) 입학
- 恋人(こいびと) 애인
- 同僚(どうりょう) 동료
- 残業(ざんぎょう) 야근, 잔업
- 大変(たいへん)だ 힘들다
- おもしろい 재미있다
- 修理(しゅうり) 수리
- ルームメート 룸메이트
- インド人(じん) 인도인
- 自動車(じどうしゃ) 자동차

- モーターショー 모터쇼
- ～に関(かん)する ～에 관하다, ～에 관한
- 調(しら)べる 조사하다

5과

- 週末(しゅうまつ) 주말
- 予定(よてい) 예정
- 別(べつ)に 별로, 특별히
- それじゃ 그럼, 그러면
- ちょうど 마침, 딱
- 運動(うんどう) 운동
- 宿題(しゅくだい) 숙제
- 散歩(さんぽ) 산책
- 今度(こんど) 이번
- 釣(つ)り 낚시
- 今夜(こんや) 오늘 밤
- 財布(さいふ) 지갑
- 取(と)る 집다, 잡다
- 急(いそ)ぐ 서두르다
- 計画(けいかく) 계획
- すること 할 일
- 用事(ようじ) 볼일, 용무
- 体(からだ) 몸
- 調子(ちょうし)が悪(わる)い 컨디션이 좋지 않다
- 甘(あま)い 달다
- ほしい 원하다, 갖고 싶다
- ドライブ 드라이브
- 外(そと) 밖, 바깥
- 空気(くうき) 공기
- 決(き)める 정하다
- 実際(じっさい) 실제

- 迷(まよ)う 망설이다
- ～ちゃう ～해 버리다
- 気持(きも)ち 기분
- 見(み)える 보이다
- 十分(じゅうぶん) 충분함
- ゆっくり 천천히
- 選(えら)ぶ 고르다
- 画素(がそ) 화소
- 始(はじ)め 처음
- もったいない 아깝다
- 写(うつ)る (사진에) 찍히다
- 後悔(こうかい) 후회
- 関係(かんけい) 관계
- 形(かたち) 형태
- 実現(じつげん) 실현
- 仲(なか)よく 사이좋게
- 親友(しんゆう) 친한 친구
- 遅(おく)れる (시간에) 늦다
- 見習(みなら)う 본받다
- 離(はな)れる 떨어지다
- 暮(く)らす 살다
- 相談相手(そうだんあいて) 상담상대
- 製品(せいひん) 제품
- 結局(けっきょく) 결국
- 予算(よさん) 예산
- 越(こ)える 넘다
- 慣(な)れる 익숙해지다
- 残(のこ)り 남음
- 大切(たいせつ) 소중함

銀行で

ぎんこう

은행에서

ムン　あのう、口座を開きたいんですが、外国人でもできますか。

銀行員　ええ、できますよ。
　　　　何かご住所を確認できる物をお持ちでしょうか。

ムン　外国人登録証でいいですか。

銀行員　ええ、結構です。ではこの用紙にご記入ください。

ムン　あのう、漢字が書けないんですが。

銀行員　ローマ字でもいいですよ。

낱말과 표현

口座(こうざ) 구좌 | 開(ひら)く 열다, 개설하다 | 外国人(がいこくじん) 외국인 | 住所(じゅうしょ) 주소
確認(かくにん) 확인 | お持(も)ちでしょうか 가지고 계시나요? | 登録証(とうろくしょう) 등록증 | 結構(けっこう)
です 괜찮습니다 | 用紙(ようし) 용지 | 記入(きにゅう) 기입 | 漢字(かんじ) 한자 | ローマ字(じ) 로마자, 영문

01 동사의 가능형

1그룹 동사 (5단동사)	u단 → e단 + る	예 歌う → 歌える 待つ → 待てる 行く → 行ける 帰る → 帰れる
2그룹 동사 (상1단동사 하1단동사)	る + られる	見る → 見られる 食べる → 食べられる 教える → 教えられる
3그룹 동사 (カ행변격동사 サ행변격동사)	来る → 来られる する → できる	来る → 来られる 理解する → 理解できる

예 私はピアノが全然弾けません。

この歌の歌詞を明日までに覚えられますか。

日本語が上手に話せますか。

ひらがなとカタカナは全部読めますが、漢字は少ししか読めません。

前はお寿司が食べられませんでしたが、今は食べられます。

彼の行動は絶対許せません。

今日は調子が悪くてトレーニングができません。

낱말과 표현

理解(りかい) 이해 | ピアノを弾(ひ)く 피아노를 치다 | 全然(ぜんぜん) 전혀 | 歌詞(かし) 가사 | 上手(じょうず)에 능숙하게 | 漢字(かんじ) 한자 | お寿司(すし) 초밥 | 彼(かれ) 그, 그 사람 | 行動(こうどう) 행동 | 絶対(ぜったい) 절대 | 許(ゆる)す 용서하다 | 調子(ちょうし)가 悪(わる)い 컨디션이 나쁘다 | トレーニング 운동, 트레이닝

[주의]　お酒を飲めません。（×）

　　　　お酒が飲めません。（○）

　　　　（＝お酒を飲むことができません。）

02　존경어 공식

| お＋ます形＋になる　～하시다 |
| ください　～해 주세요 |
| ですか　　～하십니까 |
| （でしょうか） |

例　山口先生は１０時ごろお帰りになりました。

　　この小説、お読みになったことがありますか。

　　少々お待ちください。

　　ここにお名前とご住所をお書きください。

　　保険証をお持ちですか。（→ お持ちでしょうか）

낱말과 표현

お酒(さけ) 술｜～ごろ ～쯤｜小説(しょうせつ) 소설｜少々(しょうしょう) 잠시｜名前(なまえ) 이름

住所(じゅうしょ) 주소｜保険証(ほけんしょう) 보험증

다음 보기와 같이 연습해 보세요.

Ⅰ 보기

A : 外国人でも口座が作れますか。

B : はい、作れます。

いいえ、作れません。

1 漢字を読む　　　　2 ピアノを弾く　　　　3 運転をする

Ⅱ 보기

A : お酒が飲めますか。

B : ビールは飲めますが、しょうちゅうは飲めません。

1 日本語を書く →

ひらがな（ ○ ）　　　　カタカナ（ × ）

낱말과 표현

通帳(つうちょう) 통장 | 漢字(かんじ) 한자 | ピアノ 피아노 | 運転(うんてん) 운전 | ビール 맥주
しょうちゅう 소주

2 <ruby>泳<rt>およ</rt></ruby>ぐ →

<ruby>平泳<rt>ひらおよ</rt></ruby>ぎ （ ○ ）

<ruby>背泳<rt>せおよ</rt></ruby>ぎ （ × ）

3 <ruby>楽器<rt>がっき</rt></ruby>を<ruby>弾<rt>ひ</rt></ruby>く →

ピアノ （ ○ ）

ギター （ × ）

4 <ruby>外国語<rt>がいこくご</rt></ruby>を<ruby>話<rt>はな</rt></ruby>す →

<ruby>英語<rt>えいご</rt></ruby> （ ○ ）

<ruby>中国語<rt>ちゅうごくご</rt></ruby> （ × ）

낱말과 표현

泳(およ)ぐ 수영하다, 헤엄치다 | 平泳(ひらおよ)ぎ 평영 | 背泳(せおよ)ぎ 배영 | 楽器(がっき) 악기

外国語(がいこくご) 외국어 | 英語(えいご) 영어 | 中国語(ちゅうごくご) 중국어

Ⅲ　보기

A：　すみません。ドルに両替_{りょうがえ}できますか(替_かえられますか)。

B：　はい、パスポートをお持_もちですか。

A1: はい、これです。

A2: あ、忘_{わす}れました。

1. 円_{えん}　　　　　　2. ウォン　　　　　3. 人民元_{じんみんげん}

66

Ⅰ 다음 한자의 히라가나와 뜻을 쓰세요.

1 水泳 ➡ ☐☐ ☐☐

2 英語 ➡ ☐☐ ☐☐

3 運転 ➡ ☐☐ ☐☐

4 料理 ➡ ☐☐ ☐☐

5 両替 ➡ ☐☐ ☐☐

Ⅱ 다음 낱말을 가타카나로 쓰세요.

6 패스포트(여권) ➡ ☐☐

7 피아노 ➡ ☐☐

8 기타(악기) ➡ ☐☐

Ⅲ 다음 문장을 일본어로 쓰세요.

9 일본 요리를 만들 수 있습니까?

➡ _____ 。

10 히라가나는 읽을 수 있지만 가타카나는 못 읽습니다.

➡ _____ 。

11 에가와(江川) 씨는 운전을 못 합니다.

➡ _____ 。

12 내일은 여동생의 결혼식(結婚式)이라서 올 수 없습니다.

➡ _____ 。

バナ ナイフ フランス スキー

바나나 　나이프(칼) 　　프랑스 　　스키

バナナ

ばなな
바나나

バナナ			

ナイフ

ないふ
나이프

ナイフ			

フランス

ふらんす
프랑스

フランス			

スキー

すきー
스키

スキー			

A 다음 내용을 듣고 남자의 계획과 일치하는 그림을 ① ② ③ 중에서 고르세요.

① ② ③

정답 (   )

B 내용을 듣고 (   ) 안에 알맞은 말을 일본어로 적으세요.

今日銀行へ行って通帳を作りました。外国人でも口座が

(   )。私は来月から５万円(   )貯める(   )です。

お金が貯まったらヨーロッパを一周してみたいです。一生懸命

(   )早くヨーロッパに行きたいです。

学校生活 ^{がっこうせいかつ} 학교 생활

ムン　もしもし、ムンだけど。元気?

今井　久しぶりだね。学校生活はどう?

ムン　勉強が大変だよ。
　　　毎日、宿題もしなくちゃならないし、
　　　漢字も覚えなければならないし。

今井　日本語を勉強しに日本に来たんだから
　　　頑張らなくちゃ。

ムン　昨日は寝ないで、レポートを書いたんだよ。

今井　へえ～、君が寝ないで勉強するなんて。

낱말과 표현

生活(せいかつ) 생활 | 大変(たいへん)だ 힘들다 | 毎日(まいにち) 매일 | 宿題(しゅくだい) 숙제
漢字(かんじ) 한자 | 覚(おぼ)える 기억하다, 외우다 | 勉強(べんきょう) 공부 | 頑張(がんば)る 노력하다
レポート 리포트 | ～なくちゃ ～하지 않으면 안 된다(회화체) | ～なんて ～하다니

01 동사의 부정형(ない형)

1그룹 동사 (5단동사)	u단 → a단 + ない (단, う로 끝나는 동사는 う → わ로 바꾼다)	예 $\overset{あ}{会}$う → $\overset{あ}{会}$わない(○) $\overset{あ}{会}$あない(×) ある → ない(○) あらない(×) $\overset{よ}{読}$む → $\overset{よ}{読}$まない $\overset{かえ}{帰}$る → $\overset{かえ}{帰}$らない
2그룹 동사 (상1단동사 하1단동사)	る + ない	いる → いない $\overset{み}{見}$る → $\overset{み}{見}$ない $\overset{た}{食}$べる → $\overset{た}{食}$べない
3그룹 동사 (カ행변격동사 サ행변격동사)	$\overset{く}{来}$る → $\overset{こ}{来}$ない する → しない	くる → こない $\overset{べんきょう}{勉強}$する → $\overset{べんきょう}{勉強}$しない

★부정 표현★

❶ ～ないでください ～하지 말아 주세요　예 会わないでください

❷ ～ない$\overset{ほう}{方}$がいい ～하지 않는 편이 좋다　예 会わない方がいいです

❸ ～なければならない　　　　　　　　예 会わなければなりません
　（＝ なければいけない）　　　　（＝会わなければいけません）
　～하지 않으면 안 된다

❹ ～なくてもいい ～하지 않아도 된다　예 会わなくてもいいです

❺ ～ないで ～하지 않고(나열, 열거)　예 会わないで

❻ ～なくて ～하지 않아서(이유, 원인)　예 会わなくて

[참고]   ～なければなりません → なくちゃ／なきゃ (회화체)

예   行かなくちゃ

　　行かなきゃ

예   会議の内容は他の人に言わないでください。

夜遅く一人でタクシーに乗らない方がいいです。

レポートは明日までに提出しなければなりません。

日本語でメールを書かなくてもいいです。

寝ないでゲームばかりしていたのでとても眠いです。

子供が野菜を食べなくて困ります。

今日は会社へ行かなくちゃ。(＝行かなきゃ)

낱말과 표현

会議(かいぎ) 회의｜内容(ないよう) 내용｜他(ほか)の 人(ひと) 다른 사람｜夜(よる) 밤｜遅(おそ)く 늦게

タクシー 택시｜レポート 리포트｜～までに ～까지｜提出(ていしゅつ) 제출｜メール 메일｜ゲーム 게임

～ばかり ～만｜眠(ねむ)い 졸리다｜野菜(やさい) 채소(야채)｜困(こま)る 곤란하다

다음 보기와 같이 연습해 보세요.

Ⅰ 보기

A：毎日宿題をしなければなりません。

B：それは大変ですね。

1 報告書を書く

2 本を読む

3 ３キロ走る

4 早く家へ帰る

낱말과 표현

報告書(ほうこくしょ) 보고서 │ 走(はし)る 달리다(예외 5단동사)

Ⅱ [보기]

A: 宿題をしなくてもいいですか。

B: いいえ、明日までにしなければなりません。

(= しなきゃ ならないです)。

1 学校に行く・8時半

2 書類を提出する・今日の4時

3 薬を飲む・お昼

4 来月分の家賃を支払う・月末

Ⅲ [보기]

A: 昨日は寝ないで、勉強したよ。

B: へえ～、君が寝ないで勉強するなんて。

1 テレビを見る・宿題をする

2 遊ぶ・レポートを書く

3 食事もする・絵を描く

4 電話にも出る・論文を書く

낱말과 표현

遊(あそ)ぶ 놀다 ｜ レポート 리포트 ｜ 食事(しょくじ) 식사 ｜ 絵(え)を描(か)く 그림을 그리다

電話(でんわ)に出(で)る 전화를 받다 ｜ 論文(ろんぶん) 논문

Ⅰ 다음 한자의 히라가나와 뜻을 쓰세요.

❶ 勉強 ➡ [　　　　] [　　　　]

❷ 漫画 ➡ [　　　　] [　　　　]

❸ 薬 ➡ [　　　　] [　　　　]

❹ 提出 ➡ [　　　　] [　　　　]

❺ 絵 ➡ [　　　　] [　　　　]

Ⅱ 다음 낱말을 가타카나로 쓰세요.

❻ 텔레비전 ➡ [　　　　]

❼ 게임 ➡ [　　　　]

❽ 메일 ➡ [　　　　]

Ⅲ 다음 문장을 일본어로 쓰세요.

❾ 다음 주부터 시험이기 때문에 공부하지 않으면 안 됩니다.

➡ _____ 。

❿ 커피라도 마시지 않을래?

➡ _____ 。

⓫ 어제는 숙제를 하지 않고 자 버렸습니다.

➡ _____ 。

以上　上下　下宿　宿題
いじょう　じょうげ　げしゅく　しゅくだい
이상　상하　하숙　숙제

한자 쓰기

以上 | いじょう
이상

以上			

上下 | じょうげ
상하

上下			

下宿 | げしゅく
하숙

下宿			

宿題 | しゅくだい
숙제

宿題			

A 다음 대화를 듣고 질문에 맞는 내용을 ① ② ③ ④ 중에서 고르세요.

정답 (　　　　　)

B 내용을 듣고 (　　　) 안에 알맞은 말을 일본어로 적으세요.

> 日本語学校の生活は(　　　　)大変です。毎日宿題を提出しなけ
> ればならない(　　　)、小テストも毎週あります。私は疲れて
> 宿題を(　　　)寝てしまうこともあります。でも勉強は大変で
> も友達がたくさんできた(　　　)毎日楽しいです。

和室(わしつ) 일본식 방

びょうぶ 병풍

ふすま障子(しょうじ)
맹장지, 일본식 칸막이 문

座卓(ざたく) 좌탁

座布団(ざぶとん) 방석

畳(たたみ) 다다미

(C)The Japan Foundation

08

みち
道で　길에서

ムン　すみません。東京国立博物館へ行きたいんですが、

　　　どう行ったらいいですか。

女　　東京国立博物館ならこの道をまっすぐ行くと歩道橋

　　　があるんですが、その歩道橋を渡って右に行けばあ

　　　りますよ。

ムン　歩いて何分ぐらいかかりますか。

女　　そうですね。１０分もあれば行けると思います。

ムン　どうもありがとうございました。

女　　いいえ。

낱말과 표현

国立博物館(こくりつはくぶつかん) 국립박물관 | ～なら ～라면 | 道(みち) 길 | まっすぐ 곧장, 똑바로

歩道橋(ほどうきょう) 육교, 보도교 | 渡(わた)る 건너다 | 歩(ある)く 걷다 | ～ぐらい ～정도 | そうですね 글쎄요

～も ～ | ば ～만(이나) ～하면

01 가정형

い형용사	い → ければ	예 高い → 高ければ
な형용사	だ → ならば	きれいだ → きれいならば
1그룹 동사 (5단동사)	u단 → e단 + ば	歌う → 歌えば 飲む → 飲めば 立つ → 立てば 帰る → 帰れば
2그룹 동사 (상1단동사 하1단동사)	る + れば	見る → 見れば 起きる → 起きれば 教える → 教えれば
3그룹 동사 (カ행변격동사 サ행변격동사)	来る → 来れば する → すれば	くる → くれば 勉強する → 勉強すれば

예 前もって準備すればよかったのに。

この映画は見れば見るほどおもしろくなります。

たくさん食べれば太るのは当たり前です。

お金さえあれば何でも買うことができるでしょう。

낱말과 표현

前(まえ)もって 미리 | 準備(じゅんび) 준비 | 映画(えいが) 영화 | 太(ふと)る 살찌다

当(あ)たり前(まえ) 당연함 | ~さえあれば ~만 있으면 | 何(なん)でも 무엇이든지

* ～ば ～ほど ～하면 ～할수록

い형용사 : い ければ ＋ ～いほど   예 安_{やす}ければ 安いほど   싸면 쌀수록

な형용사 : だ ならば ＋ ～なほど   예 静_{しず}かならば 静かなほど

                                           조용하면 조용할수록

동사 : e단 ＋ ば   예 勉強すれば するほど   공부하면 할수록

02   가정 표현

と	원형 접속	예 この道_{みち}をまっすぐ 行くとホテルが あります。 このボタンを押_おすと飲_のみ物_{もの}とおつりが出_でます。 お酒_{さけ}を飲_のむと顔_{かお}が赤_{あか}くなります。 朝_{あさ}になると明_{あか}るくなります。
ば	い형용사 : い → ければ な형용사 : だ → ならば 동사 : u단 → e단 ＋ ば	お金_{かね}がなければ生活_{せいかつ}が苦_{くる}しいです。 にんじんが嫌_{きら}いならば食_たべなくてもいいです。 この説明書_{せつめいしょ}を読_よめばわかります。
たら	명사 : N＋だったら い형용사 : い → かったら な형용사 : だ → だったら 동사 : 어간＋たら	明日_{あしたあめ}雨が降_ふったら遠足_{えんそく}に行きません。 もしわからなかったらわたしに電話_{でんわ}してください。 宝_{たから}くじに当_あたったら何_{なに}が一番_{いちばん}したいですか。 ★ 家_{うち}へ帰_{かえ}ったら誰_{だれ}もいませんでした。 「～했더니」
なら	명사 : N＋なら い형용사 : 원형 접속 な형용사 : だ → なら 동사 : 원형 접속	キムチなら韓国_{かんこく}が一番_{いちばん}です。 7時_{しちじ}が早_{はや}いなら9時_{くじ}にしましょう。 いやならしなくてもいいです。

낱말_과 표현

まっすぐ 곧장 ｜ 飲(の)み物(もの) 음료수 ｜ おつり 거스름돈 ｜ 顔(かお) 얼굴 ｜ 苦(くる)しい 괴롭다 ｜ にんじん 당근

説明書(せつめいしょ) 설명서 ｜ 遠足(えんそく) 소풍 ｜ 宝(たから)くじに当(あ)たる 복권에 당첨되다

다음 보기와 같이 연습해 보세요.

Ⅰ 보기

A: すみません。東京_{とうきょう}ドームへ行きたいんですが。

B: この道_{みち}をまっすぐ行くと東京ドームに出_でますよ。

1 図書館_{としょかん}

2 美術館_{びじゅつかん}

3 区役所_{くやくしょ}

4 新宿駅_{しんじゅくえき}

Ⅱ 보기

A: 歩_{ある}いて何分_{なんぷん}ぐらいかかりますか。

B: １０分_{じゅっぷん}もあれば行ける_{おも}と思います。

1 歩いて・２分_{にふん}　　　　　2 自転車_{じてんしゃ}で・６分_{ろっぷん}

3 バスで・３分_{さんぷん}　　　　4 タクシーで・５分_{ごふん}

낱말과 표현

ドーム 돔(경기장) ｜ 図書館(としょかん) 도서관 ｜ 美術館(びじゅつかん) 미술관 ｜ 区役所(くやくしょ) 구청

新宿駅(しんじゅくえき) 신주쿠 역

A：すみません。三越デパートへ行きたいんですが、

　　どう行ったらいいですか。

B：ええと、この道をまっすぐ行くと歩道橋があります。

　　その歩道橋を渡って右に行けば三越デパートに出ますよ。

1 東京病院・あの突き当たりを右に行く・歩道橋・左に

2 市役所・一つ目の角を左に曲がる・踏み切り・まっすぐ

3 交番・この道をまっすぐ行く・信号・左に100メートル

낱말과 표현

道(みち) 길 ｜ まっすぐ 곧장, 똑바로 ｜ 歩道橋(ほどうきょう) 육교 ｜ 右(みぎ) 오른쪽 ｜ 病院(びょういん) 병원

突(つ)き当(あ)たり 막다른 곳 ｜ 左(ひだり) 왼쪽 ｜ 市役所(しやくしょ) 시청 ｜ 一(ひと)つ目(め) 첫 번째

角(かど) 모퉁이 ｜ 左(ひだり)に曲(ま)がる 왼쪽으로 돌다 ｜ 踏(ふ)み切(き)り (철로의) 건널목

交番(こうばん) 파출소 ｜ 信号(しんごう) 신호 ｜ メートル 미터

Ⅰ 다음 한자의 히라가나와 뜻을 쓰세요.

1 道 ➡ ☐ ☐

2 歩道橋 ➡ ☐ ☐

3 病院 ➡ ☐ ☐

4 市役所 ➡ ☐ ☐

5 交番 ➡ ☐ ☐

Ⅱ 다음 낱말을 가타카나로 쓰세요.

6 미터 ➡ ☐

7 버튼 ➡ ☐

8 돔(경기장) ➡ ☐

Ⅲ 다음 문장을 일본어로 쓰세요.

9 역에 가고 싶은데 어떻게 가면 됩니까?

➡ _____。

10 편의점(コンビニ)이라면 저쪽에 있습니다만.

➡ _____。

11 설탕(砂糖)을 넣으면 달게 됩니다.
さ とう

➡ _____。

テレビ ビデオ オフィス スタンプ

텔레비전 　　비디오 　　오피스 　　스탬프

가타카나 쓰기

テレビ
| てれび |
| 텔레비전 |

テレビ			

ビデオ
| びでお |
| 비디오 |

ビデオ			

オフィス
| おふぃす |
| 오피스, 사무실 |

オフィス			

スタンプ
| すたんぷ |
| 스탬프 |

スタンプ			

A 내용을 듣고 어느 곳에 대해 이야기하는 것인지 ① ② ③ ④ 중에서 고르세요.

정답 (   )

B 내용을 듣고 (   ) 안에 알맞은 말을 일본어로 적으세요.

> 私の家から学院まで歩いて15分(　　　　　　　　)かかります。家を出て
> 右にまっすぐ(　　　　)踏み切り(　　　　　)出ます。
> 踏み切りを渡って線路沿いに左にまっすぐ行くと大きな交差点が
> あります。その交差点を(　　　　)に曲がると学院が見えてきます。

여러 가지 가게

八百屋(やおや) 야채 가게

肉屋(にくや) 정육점,
고기 요리집

魚屋(さかなや) 생선 가게

果物屋(くだものや)
과일 가게

床屋(とこや) 이발소

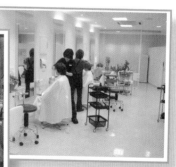

美容院(びよういん) 미용실

文房具屋(ぶんぼうぐや)
문방구점

靴屋(くつや) 신발 가게

パン屋(や) 제과점

unit 09

郵便局(ゆうびんきょく)で 우체국에서

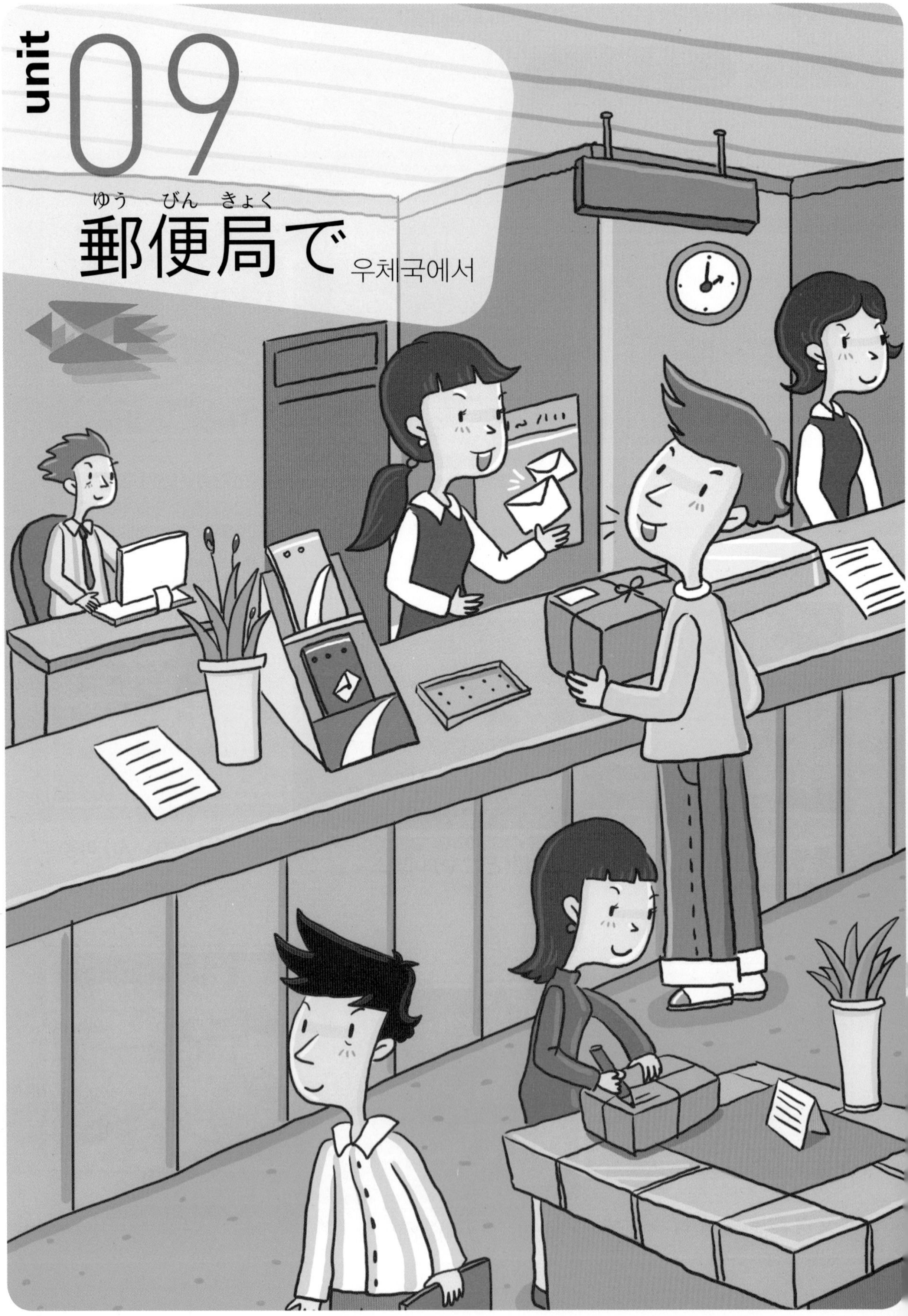

ムン　すみません、これ、航空便で送りたいんですが。

職員　中身は何ですか。

ムン　ＣＤとお菓子です。あのう、どのくらいで着きますか。

職員　韓国ですね。１週間ぐらいですが。

ムン　１週間もかかるんですか。

　　　じゃ、EMSにしようかな。EMSは使ったことがない

　　　んですが、早いんですよね。

職員　EMSなら３日ぐらいで着きますよ。

ムン　あ、そうですか。

낱말과 표현

航空便(こうくうびん) 항공편 | 送(おく)る 보내다 | ～たいんですが ～하고 싶은데요 | ～んです ～인데요, ～인 것입니다 | 中身(なかみ) 내용물 | ～くらい(＝ぐらい) ～정도 | 着(つ)く 도착하다 | ～も ～이나 | かかる 걸리다 | EMS 국제특급우편 | ～にしようかな ～로 할까 | 使(つか)う 쓰다, 사용하다 | 早(はや)い 빠르다 | ～よね ～죠?(강조)

01 동사의 의지형

1그룹 동사 (5단동사)	u단 → o단 + う	예 買う → 買おう　　送る → 送ろう 行く → 行こう　　帰る → 帰ろう
2그룹 동사 (상1단동사 하1단동사)	る + よう	見る → 見よう 起きる → 起きよう 食べる → 食べよう 覚える → 覚えよう
3그룹 동사 (カ행변격동사 サ행변격동사)	来る → 来よう する → しよう	来る → 来よう 運動する → 運動しよう

1) ~(よ)う　~하자 (권유형)

2) ~(よ)う　~해야지 (의지형) → 본인의 의지

3) ~(よ)うと思う　~하려고 하다 (의지형)

4) ~つもり　주관적인 의지나 생각, 확실하지 않은 예정

5) ~予定　확정적인 예정

예　朝早く起きよう。
　　授業が終わってからすぐ家へ帰ろう。
　　１１時に学校へ行って先輩に会おうと思います。
　　今日からダイエットしようと思います。
　　土曜日に友達に会って映画を見るつもりです。
　　大学を卒業してから日本に留学する予定です。

낱말과 표현

学校(がっこう) 학교 | 授業(じゅぎょう) 수업 | 終(お)わる 끝나다, 마치다 | 先輩(せんぱい) 선배

ダイエット 다이어트 | 映画(えいが) 영화 | 卒業(そつぎょう) 졸업 | 留学(りゅうがく) 유학

02 동사의 た형

1그룹 동사 (5단동사)	う·つ·る → った ぬ·む·ぶ → んだ く → いた ぐ → いだ す → した	例 会う → 会った　　読む → 読んだ 聞く → 聞いた　　泳ぐ → 泳いだ 話す → 話した　　行く → 行った
2그룹 동사 (상1단동사 하1단동사)	る ＋ た	見る → 見た　　起きる → 起きた 食べる → 食べた　　教える → 教えた
3그룹 동사 (カ행변격동사 サ행변격동사)	来る → 来た する → した	来る → 来た 宿題する → 勉強した

～たことがありますか	～한 적이 있습니까	例 会ったことがありますか
～た方がいいです	～하는 편이 좋습니다	会った方がいいです
～たばかりです	～한 지 얼마 안 됐습니다	会ったばかりです
～た ＋ 명사	～한 ＋ 명사	会った人

例 「友達」という小説を読んだことがありますか。
日本語を教えたことがありますか。
頭が痛かったら病院へ行った方がいいです。
韓国へ来たばかりです。
木村さんは私が大学の時、出会った人です。

낱말과 표현

宿題(しゅくだい) 숙제 | 友達(ともだち) 친구 | 小説(しょうせつ) 소설 | 頭(あたま) 머리 | 痛(いた)い 아프다
病院(びょういん) 병원 | 大学(だいがく)の時(とき) 대학 시절 | 出会(であ)う (우연히) 만나다

다음 보기와 같이 연습해 보세요.

I 보기

A: これを韓国に送ろうと思うんです。

B: そうですか。

1 日本へ留学する

2 英語の勉強をする

3 みんなでお酒を飲む

4 タクシーに乗る

낱말과 표현

留学(りゅうがく) 유학 | 英語(えいご) 영어 | 勉強(べんきょう) 공부 | みんな 모두 | タクシー 택시

A : 日本へ行ったことがありますか。

B : はい、あります。 / いいえ、ありません。

1 芸能人と写真を撮る

2 この映画を見る

3 日本語で話す

4 中国語を習う

낱말과 표현

芸能人(げいのうじん) 연예인 | 写真(しゃしん) 사진 | 映画(えいが) 영화 | 中国語(ちゅうごくご) 중국어

Ⅲ 보기

A: 日本へ行こうと思うんですが。

B: いつごろ行くつもりですか。

1 彼女と結婚をする

2 運転免許を取る

3 本を出版する

4 ピアノ教室に通う

Ⅳ 보기

A: なるべく早く送りたいんですが。

B: それでは、航空便で送った方がいいですよ。

1 家へ帰る・タクシーに乗る　　2 調べる・コンピューターで調べる
3 会う・直接電話をする　　　　4 見る・会員になる

낱말과 표현

彼女(かのじょ) 그녀, 여자친구 | 結婚(けっこん) 결혼 | 運転免許(うんてんめんきょ)を取(と)る 운전면허를 따다
出版(しゅっぱん) 출판 | ピアノ教室(きょうしつ) 피아노 학원 | 航空便(こうくうびん) 항공편 | 調(しら)べる 조
사하다 | コンピューター 컴퓨터 | 直接(ちょくせつ) 직접 | 会員(かいいん) 회원 | なる 되다

96

Ⅰ 다음 한자의 히라가나와 뜻을 쓰세요.

1 中身 ➡ [   ] [   ]

2 航空便 ➡ [   ] [   ]

3 留学 ➡ [   ] [   ]

4 卒業 ➡ [   ] [   ]

5 お菓子 ➡ [   ] [   ]

Ⅱ 다음 낱말을 가타카나로 쓰세요.

6 다이어트 ➡ [   ]

7 맨션 ➡ [   ]

8 컴퓨터 ➡ [   ]

Ⅲ 다음 문장을 일본어로 쓰세요.

9 친구를 만나서 커피를 마시려고 합니다.

➡ _____。

10 일본어 책을 읽자.

➡ _____。

11 내년 9월에 일본에 갈 예정입니다.

➡ _____。

12 일본어를 공부한 적이 있습니까?

➡ _____。

ちょう じょ　　じょ せい　　せい かく　　かく　さ
長女　女性　性格　格差

장녀　　　　여성　　　　성격　　　　격차

한자 쓰기

長女
ちょうじょ
장녀

長女			

女性
じょせい
여성

女性			

性格
せいかく
성격

性格			

格差
かくさ
격차

格差			

A 내용을 듣고 소포를 보낼 때 선택한 방법은 무엇인지 ① ② ③ ④ 중에서 고르세요.

정답 (   )

B 내용을 듣고 (   ) 안에 알맞은 말을 일본어로 적으세요.

今日は韓国に小包を(   )と思って郵便局に行きました。

思ったより料金が (   ) びっくりしました。家族

にいろいろなお土産を送る(   )でしたが、

送らないで帰国する時に持って(   )と思いました。

星野　ムンさん、今日は気合が入っているわね。

ムン　そうかな。でも、緊張して何も話せないかも
　　　知れないよ。

星野　大丈夫よ。ほら、あそこに座っている人よ。

ムン　あの、白いブラウスを着ている人？

星野　違う違う。
　　　その隣の黄色いワンピースを着ている人。

ムン　何だか恥ずかしいなあ。

星野　頑張ってね。ねえ、後でどうなったか電話してよね。

낱말과 표현

気合(きあい)が入(はい)っている 신경 좀 썼다 | ～わ ～야(여자 말투) | 緊張(きんちょう) 긴장 | ～かも知(し)れない ～일지도 모른다 | 大丈夫(だいじょうぶ)だ 괜찮다 | 座(すわ)る 앉다 | 白(しろ)い 하얗다 | ブラウス 블라우스
違(ちが)う 틀리다, 다르다 | 黄色(きいろ)い 노랗다 | ワンピース 원피스 | 恥(は)ずかしい 부끄럽다, 창피하다
頑張(がんば)る 노력하다, 분발하다 | 後(あと)で 나중에 | どうなったか 어떻게 됐는지 | 電話(でんわ) 전화

01 ～ている 용법 I (착용)

かぶる	帽子（ぼうし）		
かける	眼鏡（めがね）	サングラス	
しめる	ネクタイ	ベルト	
着る（きる）	セーター　ブラウス　コート　スーツ　ワンピース		
履く（はく）	スカート　ズボン　靴下（くつした）　靴（くつ）　運動靴（うんどうぐつ）		
する	ピアス　ネックレス　時計（とけい）　マフラー　スカーフ		

예 矢田（やだ）さんは白（しろ）いTシャツを着（き）て赤（あか）いスカートを履（は）いています。

青（あお）い帽子（ぼうし）をかぶっている人（ひと）は誰（だれ）ですか。

黄色（きいろ）いワンピースを着（き）ている女（おんな）の人、きれいでしょう。

낱말과 표현

白(しろ)い 하얗다 | Tシャツ 티셔츠 | スカート 스커트 | 青(あお)い 파랗다 | 帽子(ぼうし) 모자
黄色(きいろ)い 노랗다 | ワンピース 원피스

02 〜ている 用法Ⅱ(상태)

자연현상	雨が降っています。	비가 내리고 있습니다.
	風が吹いています。	바람이 불고 있습니다.
상 태	結婚していますか。	결혼했습니까?
	どこに住んでいますか。	어디에 살고 있습니까?
	お父さんに似ていますね。	아버지를 닮았네요.
	運転免許を持っています。	운전면허를 갖고 있습니다.

03 〜かも知れない 〜일지도 모른다

〜かどうかわからない 〜일지 어떨지 모른다

예   あの人は来ないかも知れない。

財布にお金が入ってないかも知れない。

先生に会うかどうかわかりません。

できるかどうかわかりません。

낱말과 표현

雨(あめ) 비 │ 風(かぜ) 바람 │ 結婚(けっこん) 결혼 │ 〜に似(に)る 〜를 닮다

運転免許(うんてんめんきょ) 운전면허 │ 財布(さいふ) 지갑 │ お金(かね) 돈

04 자·타동사

자 동 사		타 동 사		자 동 사		타 동 사	
開<ruby>あ</ruby>く	열리다	開<ruby>あ</ruby>ける	열다	変<ruby>か</ruby>わる	바뀌다	変<ruby>か</ruby>える	바꾸다
閉<ruby>し</ruby>まる	닫히다	閉<ruby>し</ruby>める	닫다	上<ruby>あ</ruby>がる	올라가다	上<ruby>あ</ruby>げる	올리다
かかる	걸리다	かける	걸다	始<ruby>はじ</ruby>まる	시작되다	始<ruby>はじ</ruby>める	시작하다
入<ruby>はい</ruby>る	들어가다	入<ruby>い</ruby>れる	넣다	伝<ruby>つた</ruby>わる	전해지다	伝<ruby>つた</ruby>える	전하다
つく	켜지다	つける	켜다	曲<ruby>ま</ruby>がる	굽다	曲<ruby>ま</ruby>げる	굽히다
集<ruby>あつ</ruby>まる	모이다	集<ruby>あつ</ruby>める	모으다	出<ruby>で</ruby>る	나오다	出<ruby>だ</ruby>す	내다
並<ruby>なら</ruby>ぶ	진열되다	並<ruby>なら</ruby>べる	진열하다	起<ruby>お</ruby>きる	일어나다	起<ruby>お</ruby>こす	깨우다
終<ruby>お</ruby>わる	끝나다	終<ruby>お</ruby>える	끝내다	落<ruby>お</ruby>ちる	떨어지다	落<ruby>お</ruby>とす	떨어뜨리다
止<ruby>と</ruby>まる	서다	止<ruby>と</ruby>める	세우다	消<ruby>き</ruby>える	꺼지다	消<ruby>け</ruby>す	끄다
決<ruby>き</ruby>まる	정해지다	決<ruby>き</ruby>める	정하다	沸<ruby>わ</ruby>く	끓다	沸<ruby>わ</ruby>かす	끓이다

자동사 ①	～が＋자동사＋ている	예 窓<ruby>まど</ruby>が開<ruby>あ</ruby>いています。
타동사 ②	～が＋타동사＋てある	예 窓が開<ruby>あ</ruby>けてあります。

104

예 ① 財布にお金が入っています。

② 財布にお金が入れてあります。

① 電気がついています。

② 電気がつけてあります。

① 車が止まっています。

② 車が止めてあります。

① ドアが閉まっています。

② ドアが閉めてあります。

① 壁に時計がかかっています。

② 壁に時計がかけてあります。

낱말과 표현

財布(さいふ) 지갑 | 電気(でんき) 전기 | ドア 문 | 壁(かべ) 벽 | 時計(とけい) 시계

다음 보기와 같이 연습해 보세요.

Ⅰ 보기

A : 話せないかも知れない。
B : 大丈夫だよ。

1 運転できない　　　　　　　2 道が込んで遅刻する
3 明日は来られない　　　　　4 間に合わない

Ⅱ 보기

A : あの人誰ですか。
B : あの、白いブラウスを着ている人？

1 スカートをはく

2 帽子をかぶる

3 ネクタイをしめる

4 眼鏡をかける

낱말과 표현

運転(うんてん) 운전 | 道(みち)が込(こ)む 길이 밀리다, 막히다 | 遅刻(ちこく) 지각 | 間(ま)に合(あ)う 시간에 맞다,
시간에 대다 | 誰(だれ) 누구 | スカート 치마 | 帽子(ぼうし) 모자 | ネクタイ 넥타이 | 眼鏡(めがね) 안경

A: ドアを閉めてください。

B: どうすれば閉まるんですか 。

A: こうすれば閉まります。

1 ドアを開ける・開く　　　　2 水を入れる・入る

3 テレビをつける・つく　　　4 ライトを消す・消える

A: 明日は先輩に会いますか。

B: さあ、会うかどうかわかりません。

1 ワンさんは来る　　　　　　2 キムさんと婚約する

3 土曜日に旅行する　　　　　4 料理を作る

낱말과 표현

ドア 문 | 水(みず) 물 | ライト 라이트, 조명등 | 消(け)す 끄다 | 消(き)える 꺼지다, 사라지다

先輩(せんぱい) 선배 | ~かどうかわかりません ~일지 어떨지 모릅니다 | 婚約(こんやく) 약혼

旅行(りょこう) 여행 | 料理(りょうり) 요리

I 다음 한자의 히라가나와 뜻을 쓰세요.

1 先輩 ➡ [   ] [   ]

2 緊張 ➡ [   ] [   ]

3 旅行 ➡ [   ] [   ]

4 会議室 ➡ [   ] [   ]

5 免許 ➡ [   ] [   ]

II 다음 낱말을 가타카나로 쓰세요.

6 목걸이 ➡ [   ]

7 원피스 ➡ [   ]

8 스커트 ➡ [   ]

III 다음 문장을 일본어로 쓰세요.

9 흰 블라우스를 입고 있는 사람은 누구입니까?

➡ _____。

10 문 씨는 어떤 옷차림(かっこう)을 하고 있습니까?

➡ _____。

11 기무라 씨는 파란 스웨터를 입고 있습니다.

➡ _____。

ピアス スカーフ フルーツ ツアー

귀고리   스카프   후르츠(과일)   투어(여행)

가타카나 쓰기

ピアス
ぴあす
귀고리

ピアス			

スカーフ
すかーふ
스카프

スカーフ			

フルーツ
ふるーつ
과일

フルーツ			

ツアー
つあー
투어

ツアー			

A 내용을 듣고 맞는 것을 ① ② ③ ④ 중에서 고르세요.

정답 (　　　　　　　)

B 내용을 듣고 (　　　) 안에 알맞은 말을 일본어로 적으세요.

> 昨日、友達がとてもすてきな女性を紹介してくれました。黄色
> いワンピースを(　　　　)すてきなピアスを(　　　　)いました。
> このようにして女性を紹介してもらったのははじめてだった
> (　　　　　)とても緊張しました。とても緊張したので、連絡先
> を聞くのを(　　　　　　)しまいました。

읽기 연습

　日本ではじめて銀行の通帳を作りました。私は来月から毎月５万円ずつ貯めようと思っています。一生懸命お金を貯めて海外旅行をしてみたいです。
　学校での日本語の勉強はとても大変です。宿題を毎日提出しなければならないし、小テストもたくさんあります。
　時々疲れて寝てしまって宿題ができない時もあります。でもいろいろな国の友達がたくさんできたので、とても楽しいです。
　私の家から日本語学校まで歩いて１５分ぐらいかかります。家を出て右にまっすぐ行くと橋があります。その橋を渡って左に曲がると大きな交差点に出ます。その交差点を右に曲がると学校が見えます。
　今日は韓国に小包を送ろうと思って郵便局に行きました。家族にお土産を送るつもりでしたが、料金が高かったので、後で直接韓国に持って行くことにしました。
　昨日はとてもすてきな女性に会いました。黄色いワンピースを着てすてきなピアスをしていました。私はこのような日本人の女性に会うのははじめてだったので、とても緊張しました。

낱말과 표현

はじめて 처음 | 通帳(つうちょう) 통장 | 毎月(まいつき) 매월 | ～ずつ ～씩 | 貯(た)める 모으다, 저축하다
一生懸命(いっしょうけんめい) 열심히 | 海外旅行(かいがいりょこう) 해외여행 | 宿題(しゅくだい) 숙제
提出(ていしゅつ) 제출 | 時々(ときどき) 때때로 | その代(か)わり 그 대신 | 楽(たの)しい 즐겁다 | まっすぐ 곧장, 바로 | 橋(はし) 다리 | 渡(わた)る 건너다 | 曲(ま)がる 돌다 | 交差点(こうさてん) 사거리, 교차점 | 小包(こづつみ) 소포 | 送(おく)る 보내다 | 郵便局(ゆうびんきょく) 우체국 | お土産(みやげ) 선물 | 料金(りょうきん) 요금
直接(ちょくせつ) 직접 | 女性(じょせい) 여성 | ワンピース 원피스 | ピアス 귀고리 | 緊張(きんちょう) 긴장

6과

- □ 口座(こうざ) 구좌
- □ 開(ひら)く 열다, 개설하다
- □ 住所(じゅうしょ) 주소
- □ 確認(かくにん) 확인
- □ お持(も)ちでしょうか 가지고 계시나요?
- □ 結構(けっこう) 좋음, 괜찮음
- □ 用紙(ようし) 용지
- □ 記入(きにゅう) 기입
- □ ローマ字(じ) 로마자, 영문
- □ 理解(りかい) 이해
- □ ピアノを弾(ひ)く 피아노를 치다
- □ 全然(ぜんぜん) 전혀
- □ 歌詞(かし) 가사
- □ 上手(じょうず)に 능숙하게
- □ 彼(かれ) 그, 그 남자
- □ 行動(こうどう) 행동
- □ 絶対(ぜったい) 절대
- □ 許(ゆる)す 용서하다
- □ トレーニング 운동, 트레이닝
- □ ～ごろ ～쯤
- □ 少々(しょうしょう) 잠시
- □ 通帳(つうちょう) 통장
- □ 運転(うんてん) 운전
- □ しょうちゅう 소주
- □ 泳(およ)ぐ 수영하다, 헤엄치다
- □ 平泳(ひらおよ)ぎ 평영
- □ 背泳(せおよ)ぎ 배영
- □ 楽器(がっき) 악기
- □ ドル 달러(dollar)
- □ 両替(りょうがえ) 환전
- □ パスポート 여권, 패스포트
- □ 忘(わす)れる 잊어버리다

- □ 円(えん) 엔화
- □ ウォン 원화
- □ 人民元(じんみんげん) 위엔화(중국화폐)
- □ 結婚式(けっこんしき) 결혼식
- □ ついに 마침내, 드디어
- □ お金(かね) 돈
- □ 貯(た)める 모으다
- □ 貯(た)まる 모이다
- □ ヨーロッパ 유럽
- □ 一周(いっしゅう) 일주
- □ 来月(らいげつ) 다음 달
- □ 一生懸命(いっしょうけんめい) 열심히

7과

- □ 学校生活(がっこうせいかつ) 학교생활
- □ 毎日(まいにち) 매일
- □ 覚(おぼ)える 기억하다, 외우다
- □ 頑張(がんば)る 노력하다, 분발하다
- □ ～なくちゃ ～하지 않으면 안된다(회화체)
- □ ～なんて ～하다니
- □ 会議(かいぎ) 회의
- □ 内容(ないよう) 내용
- □ 他(ほか)の人(ひと) 다른 사람
- □ ～までに ～까지
- □ 提出(ていしゅつ) 제출
- □ メール 메일
- □ ゲーム 게임
- □ ～ばかり ～만
- □ 眠(ねむ)い 졸리다
- □ 野菜(やさい) 야채
- □ 困(こま)る 곤란하다
- □ 報告書(ほうこくしょ) 보고서
- □ 走(はし)る 달리다 (예외5단)

- □ 遊(あそ)ぶ 놀다
- □ 絵(え)を描(か)く 그림을 그리다
- □ 電話(でんわ)に出(で)る 전화를 받다
- □ 論文(ろんぶん) 논문
- □ 担任(たんにん) 담임
- □ 毎週(まいしゅう) 매주
- □ 点数(てんすう) 점수
- □ 追試(ついし) 추가시험, 재시험
- □ 厳(きび)しい 엄하다
- □ たくさん 많이

8과

- □ 国立博物館(こくりつはくぶつかん) 국립박물관
- □ まっすぐ 곧장, 똑바로
- □ 歩道橋(ほどうきょう) 육교, 보도교
- □ 渡(わた)る 건너다
- □ ～も～ば ～만(이나)～하면
- □ 前(まえ)もって 미리
- □ 準備(じゅんび) 준비
- □ 太(ふと)る 살찌다
- □ 当(あ)たり前(まえ) 당연함
- □ ～さえあれば ～만 있으면
- □ なんでも 무엇이든지
- □ 道(みち) 길
- □ 飲(の)み物(もの) 음료수
- □ おつり 거스름돈
- □ 顔(かお) 얼굴
- □ 苦(くる)しい 괴롭다, 힘들다
- □ 説明書(せつめいしょ) 설명서
- □ 遠足(えんそく) 소풍
- □ 宝(たから)くじに当(あ)たる 복권에 당첨되다

□ ドーム 돔(경기장)

□ 美術館(びじゅつかん) 미술관

□ 右(みぎ) 오른쪽

□ 病院(びょういん) 병원

□ 突(つ)き当(あ)たり 막다른 곳

□ 左(ひだり) 왼쪽

□ 一(ひと)つ目(め) 첫 번째

□ 角(かど) 모퉁이

□ 曲(ま)がる 돌다

□ 踏(ふ)み切(き)り (철로의) 건널목

□ 交番(こうばん) 파출소

□ 信号(しんごう) 신호

□ メートル 미터

□ コンビニ 편의점

□ 砂糖(さとう) 설탕

□ 近(ちか)い 가깝다

□ どちらでもかまいません
　　둘 다(어느쪽이든) 상관없어요

□ 最初(さいしょ) 처음

□ 交差点(こうさてん) 교차점, 사거리

□ 線路沿(せんろぞ)い 선로변

9과

□ 航空便(こうくうびん) 항공편

□ 送(おく)る 보내다

□ 中身(なかみ) 내용물

□ 着(つ)く 도착하다

□ かかる 걸리다

□ ～しようかな ～할까

□ 早(はや)い 빠르다

□ ～よね ～죠?(강조)

□ 終(お)わる 끝나다

□ ダイエット 다이어트

□ 頭(あたま) 머리

□ 痛(いた)い 아프다

□ 出会(であ)う (우연히)만나다

□ みんな 모두

□ 芸能人(げいのうじん) 연예인

□ 彼女(かのじょ) 그녀, 여자친구

□ 運転免許(うんてんめんきょ)を取(と)
　　る 운전면허를 따다

□ 出版(しゅっぱん) 출판

□ ピアノ教室(きょうしつ) 피아노 교실

□ 直接(ちょくせつ) 직접

□ 会員(かいいん) 회원

□ なる 되다

□ 船便(ふなびん) 배편, 선박편

□ お煎餅(せんべい) 센베(과자)

□ 1週間(いっしゅうかん) 1주일

□ 止(や)める 그만두다

□ お土産(みやげ) 선물

□ 帰国(きこく) 귀국

10과

□ 紹介(しょうかい) 소개

□ 気合(きあい)が入(はい)っている
　　신경 좀 썼다

□ 緊張(きんちょう) 긴장

□ ～かも知(し)れない ～일지도 모른다

□ ～に座(すわ)る ～에 앉다

□ 黄色(きいろ)い 노랗다

□ ワンピース 원피스

□ 恥(は)ずかしい 부끄럽다, 창피하다

□ 後(あと)で 나중에

□ どうなったか 어떻게 됐는지

□ Tシャツ 티셔츠

□ スカート 스커트

□ 青(あお)い 파랗다

□ 帽子(ぼうし) 모자

□ 雨(あめ) 비

□ 風(かぜ) 바람

□ ～に似(に)る ～를 닮다

□ 電気(でんき) 전기

□ ドア 문

□ 壁(かべ) 벽

□ 道(みち)が込(こ)む 길이 밀리다, 막히다

□ 遅刻(ちこく) 지각

□ 間(ま)に合(あ)う 시간에 맞다,
　　시간에 대다

□ 眼鏡(めがね) 안경

□ 水(みず) 물

□ ライト 라이트, 조명등

□ 消(け)す 끄다

□ 消(き)える 꺼지다

□ ～かどうかわかりません ～일지
　　어떨지 모릅니다

□ 婚約(こんやく) 약혼

□ 旅行(りょこう) 여행

□ 連絡先(れんらくさき) 연락처

□ 大嫌(だいきら)いだ 아주 싫어하다

□ 女性(じょせい) 여성

□ はじめて 처음

□ 毎月(まいつき) 매월

□ ～ずつ ～씩

□ その代(かわ)りュ 대신

□ 橋(はし) 다리

□ 小包(こづつみ) 소포

□ 料金(りょうきん) 요금

□ ピアス 귀고리

留学生の集い

りゅうがくせい　　つど

유학생 모임

リン　マイケルさんから結婚式に招待されたんですが、

　　　ムンさんは?

ムン　マイケルさん、結婚するんですか。

リン　ええ。9月7日の土曜日に。

ムン　へえ〜、誰と結婚するんですか。

リン　びっくりしないでね。
　　　井上先生と結婚するんだって。

ムン　え! 4歳も年上じゃないですか。

リン　愛には年なんて関係ないと思いますけど。

ムン　ショックです。私も井上先生のファンだったのに。

낱말과 표현

結婚(けっこん) 결혼 | 招待(しょうたい) 초대 | びっくりする 깜짝 놀라다 | 4歳(よんさい) 4살 | 〜も 〜이나

年上(としうえ) 연상 | 愛(あい) 사랑 | 〜なんて 〜 같은 것, 〜따위 | 関係(かんけい) 관계 | ショック 쇼크

ファン 팬(fan)

01 전문의 そうだ

	전문(伝聞)의 そうだ (~라고 한다)	예
명 사	N だ + そうだ	예 木村さんの誕生日だそうです。 기무라 씨의 생일이라고 합니다.
イ형용사	~ い + そうだ	예 その映画はとてもおもしろいそうです。 그 영화는 참 재밌다고 합니다.
ナ형용사	~ だ + そうだ	예 ムンさんの彼女は とてもきれいだそうです。 문 씨의 여자친구는 아주 예쁘다고 합니다.
동 사	보통체 + そうだ	예 明日は雨が降るそうです。 내일은 비가 온다고 합니다.

예 デパートは毎週月曜日は休みだそうです。

東京の家賃はとても高いそうです。

山口先生はスポーツがあまり好きじゃないそうです。

天気予報によると明日から雪が降るそうです。

ニュースによると来週台風が来るそうです。

田中さんは風邪をひいて来られないそうです。

낱말과 표현

デパート 백화점 | 毎週(まいしゅう) 매주 | 休(やす)み 휴일, 쉬는날 | 家賃(やちん) 집세 | スポーツ 스포츠

天気予報(てんきよほう) 일기예보 | ~によると ~에 의하면 | 雪(ゆき) 눈 | ニュース 뉴스

来週(らいしゅう) 다음주 | 台風(たいふう) 태풍 | 風邪(かぜ)をひく 감기에 걸리다

02 동사의 수동형

1그룹 동사 (5단동사)	u단 → a단 + れる	예	叱る → 叱られる 盗む → 盗まれる 読む → 読まれる 帰る → 帰られる
2그룹 동사 (상1단동사 하1단동사)	る + られる (가능형과 동일)		いる → いられる 見る → 見られる 食べる → 食べられる
3그룹 동사 (カ행변격동사 サ행변격동사)	来る → 来られる する → される		来る → 来られる 招待する → 招待される

참고(수동형에 주로 쓰이는 동사)

・踏む 밟다	・盗む 훔치다	・取る 집다	・叱る 혼내다
・ほめる 칭찬하다	・建てる 짓다, 세우다	・押す 밀다	・書く 쓰다
・噛む 물다	・呼ぶ 부르다	・頼む 부탁하다	・読む 읽다
・笑う 웃다	・言う 말하다	・誘う 권유하다	・歌う 노래하다
・殴る 때리다	・壊す 부수다	・ひく 끌다, 치다	・作る 만들다

예
電車の中で人に足を踏まれました。

先生にほめられました。

部屋の掃除をしなかったので母に叱られました。

人前で愛を告白されました。

낱말과 표현

電車(でんしゃ) 전철, 전차 | 掃除(そうじ) 청소 | 告白(こくはく) 고백

[피해수동]

예 雨に降られて服がぬれてしまいました。
子供に泣かれて一時間も寝られませんでした。

03 날짜 표현

1) 년(年)

1年	2年	3年	4年	5年	6年
いちねん	にねん	さんねん	よねん	ごねん	ろくねん
7年	8年	9年	10年	……	何年
ななねん しちねん	はちねん	きゅうねん	じゅうねん	……	なんねん

2) 월(月)

1月	2月	3月	4月	5月	6月	7月
いちがつ	にがつ	さんがつ	しがつ	ごがつ	ろくがつ	しちがつ
8月	9月	10月	11月	12月	何月	
はちがつ	くがつ	じゅうがつ	じゅういちがつ	じゅうにがつ	なんがつ	

낱말과 표현

服(ふく) 옷 | ぬれる 젖다 | 子供(こども) 아이 | 泣(な)く 울다

3) 일(日)·요일(曜日)

にちようび 日曜日	げつようび 月曜日	かようび 火曜日	すいようび 水曜日	もくようび 木曜日	きんようび 金曜日	どようび 土曜日
		1日 ついたち	2日 ふつか	3日 みっか	4日 よっか	5日 いつか
6日 むいか	7日 なのか	8日 ようか	9日 ここのか	10日 とおか	11日 じゅういちにち	12日 じゅうににち
13日 じゅうさんにち	14日 じゅうよっか	15日 じゅうごにち	16日 じゅうろくにち	17日 じゅうしちにち	18日 じゅうはちにち	19日 じゅうくにち
20日 はつか	21日 にじゅういちにち	22日 にじゅうににち	23日 にじゅうさんにち	24日 にじゅうよっか	25日 にじゅうごにち	26日 にじゅうろくにち
27日 にじゅうしちにち	28日 にじゅうはちにち	29日 にじゅうくにち	30日 さんじゅうにち	31日 さんじゅういちにち		なんにち 何日

다음 보기와 같이 연습해 보세요.

Ⅰ 보기

A : 先生が来月、結婚するそうです。

B : ほんとうですか。 いつですか。

A : ８月１３日、日曜日です。

1 国へ 帰る・３月 ５日、月曜日

2 退院する・４月 １日、水曜日

3 日本へ 来る・10月 10日、金曜日

4 店を 開店する・７月 １４日、土曜日

낱말과 표현

国(くに) 나라, 고국 | 退院(たいいん) 퇴원 | 店(みせ) 가게 | 開店(かいてん) 개점

120

Ⅱ 보기

山田<ruby>やまだ</ruby>さんと山本<ruby>やまもと</ruby>さんが別<ruby>わか</ruby>れました。

A：びっくりしないでね。山田さんと山本さんが別れたんだって。

B：いつですか。

 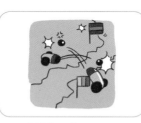 

1 飛行機<ruby>ひこうき</ruby>が落<ruby>お</ruby>ちました
・どこに

2 戦争<ruby>せんそう</ruby>が起<ruby>お</ruby>きました
・どこで

3 泥棒<ruby>どろぼう</ruby>が入<ruby>はい</ruby>りました
・誰<ruby>だれ</ruby>の家<ruby>いえ</ruby>に

Ⅲ 보기

A：マイケルさんはもうすぐ結婚<ruby>けっこん</ruby>するそうです。

B：ほんとうに結婚するんですか。いつですか。

A：５月<ruby>ごがつ</ruby>だそうです。

1 イさんが留学<ruby>りゅうがく</ruby>する
・今年<ruby>ことし</ruby>の春<ruby>はる</ruby>

2 ムンさんが入院<ruby>にゅういん</ruby>した
・昨日<ruby>きのう</ruby>の朝<ruby>あさ</ruby>

3 市内<ruby>しない</ruby>で火事<ruby>かじ</ruby>が起<ruby>お</ruby>きた
・午後<ruby>ごご</ruby>５時<ruby>ごじ</ruby>ごろ

낱말과 표현

別(わか)れる 헤어지다 ｜ 飛行機(ひこうき) 비행기 ｜ 落(お)ちる 떨어지다 ｜ 戦争(せんそう)が起(お)きる 전쟁이 일어
나다 ｜ 泥棒(どろぼう) 도둑 ｜ 留学(りゅうがく) 유학 ｜ 春(はる) 봄 ｜ 入院(にゅういん) 입원 ｜ 市内(しない) 시내
火事(かじ) 화재 ｜ ～ごろ ～경

A: 日本についてどう思いますか。

B: そうですね。物価が高いと思います。

1 日本・交通費が高い

2 日本語の講義・とても役に立つ

3 このレストランの料理・安くておいしい

4 この機械・とても使いやすくて便利だ

낱말과 표현

~について ~에 대하여 | 物価(ぶっか) 물가 | 交通費(こうつうひ) 교통비 | 講義(こうぎ) 강의
役(やく)に立(た)つ 도움이 되다 | レストラン 레스토랑 | 料理(りょうり) 요리 | 機械(きかい) 기계
使(つか)いやすい 사용하기 쉽다

Ⅰ 다음 한자의 히라가나와 뜻을 쓰세요.

1 関係 ➡ ☐ ☐

2 国 ➡ ☐ ☐

3 飛行機 ➡ ☐ ☐

4 服 ➡ ☐ ☐

5 誕生日 ➡ ☐ ☐

Ⅱ 다음 낱말을 가타카나로 쓰세요.

6 팬(fan) ➡ ☐

7 레스토랑 ➡ ☐

8 파티 ➡ ☐

Ⅲ 다음 문장을 일본어로 쓰세요.

9 일기예보(天気予報) 에 의하면 내일은 비가 온다고 합니다.

➡ _____。

10 버스 안에서 가방을 도둑맞았습니다.(盗む)

➡ _____。

11 저 레스토랑은 조용하고 친절하다고 합니다.

➡ _____。

12 야마다 씨가 야마구치(山口) 선생님이랑 결혼한대.(〜だって)

➡ _____。

ひ こう き　　き かい　　かい わ　　わ だい
飛行機　機会　会話　話題
비행기　→　기회　→　회화　→　화제

한자 쓰기

飛行機 | ひこうき
비행기

飛行機			

機会 | きかい
기회

機会			

会話 | かいわ
회화

会話			

話題 | わだい
화제

話題			

A 여자는 왜 우산이 필요 없습니까? 내용을 듣고 ① ② ③ ④ 중에서 고르세요.

정답 (   )

B 내용을 듣고 (   ) 안에 알맞은 말을 일본어로 적으세요.

来月、井上先生が(   )そうです。

私はこの知らせを(   )びっくりしました。

井上先生は私の担任です。とても親切な先生で、毎日
一生懸命、日本語を教えてくださいます。私は少し憧れて
いました。それだけにちょっと(   )しました。

でも、結婚式の日には心から祝福しようと(   )。

12

アルバイト探^{さが}し

아르바이트 구하기

ムン　すみません、広告を見てきたんですが。

女　外国の方ですか。

ムン　はい、韓国から来ました。

ここで働かせていただけませんか。

女　日本に来てどれくらいですか。

ムン　6ヶ月過ぎましたけど。

女　アルバイトの経験は?

ムン　いいえ、はじめてなんですが。

女　一応履歴書をおいて行ってください。あとで連絡しますから。

낱말과 표현

広告(こうこく) 광고 | 働(はたら)く 일하다 | 過(す)ぎる 지나다, 지나가다 | アルバイト 아르바이트
経験(けいけん) 경험 | はじめて 처음 | 履歴書(りれきしょ) 이력서 | 連絡(れんらく) 연락

동사의 사역형·사역수동형

	사 역 형	보기	사 역 수 동	보기
1그룹 동사 (5단동사)	u단 → a단＋せる (＝u→a＋す) 〜う로 끝나는 동사 → 〜わせる	歌う → 歌わせる 読む → 読ませる 持つ → 持たせる 帰る → 帰らせる	u단→a단＋せられる (사역형 → 수동형) 〜う로 끝나는 동사 → 〜わせられる	歌う → 歌わせられる (＝歌わされる) 読む → 読ませられる (＝読まされる) 持つ → 持たせられる (＝持たされる)
2그룹 동사 (상1단동사 하1단동사)	る＋させる	見る → 見させる 食べる → 食べさせる	る＋させられる (사역형 → 수동형)	見る → 見させられる 食べる → 食べさせられる
3그룹 동사 (カ행변격동사 サ행변격동사)	する→させる 来る→来させる	勉強させる 来させる	する → させられる 来る → 来させられる	勉強させられる 来させられる

예 私に説明させていただけますか。

校長は私にトイレの掃除をさせました。

健康のためにたばこを止めさせられました。

広場で歌を歌わせられました。（＝歌わされました）

愛していないのに両親のために、結婚させられました。

낱말과 표현

説明(せつめい) 설명 | 校長(こうちょう) 교장선생님 | トイレ 화장실 | 掃除(そうじ) 청소 | 健康(けんこう) 건강

〜ため ① 〜를 위하여 ② 〜때문에 | 広場(ひろば) 광장 | 両親(りょうしん) 부모님 | 結婚(けっこん) 결혼

다음 보기와 같이 연습해 보세요.

Ⅰ 보기

A: すみませんが、働かせていただけませんか。

B: ええ、かまいません。

1 座る

2 休む

3 電話を使う

4 会社を辞める

Ⅱ 보기

A: 日本に来てどれくらいですか。

B: 6ヶ月です。

1 日本語を勉強する・3年   2 ピアノを習い始める・5ヶ月

3 結婚する・10年   4 教師になる・25年

낱말과 표현

座(すわ)る 앉다 | 電話(でんわ) 전화 | 使(つか)う 사용하다, 쓰다 | 勉強(べんきょう) 공부 | ピアノ 피아노
習(なら)い始(はじ)める 배우기 시작하다 | 教師(きょうし) 교사

A: あなたは無理やり歌わせられたことがありますか。

B: ええ、無理やり歌わせられた時には ほんとうに困りました。

1 会社を辞める

2 両親にお見合いをする

3 学校の廊下に立つ

4 人前でキスをする

A: 日本に来てどれくらい経ちましたか。

B: そうですね。日本に 来てもう１０年になります。

1 彼氏と別れる・３年　　　　2 たばこを止める・１５年

3 ジョギングをはじめる・８年　　4 アメリカに渡る・３０年

낱말과 표현

無理(むり)やり 어쩔 수 없이, 억지로 | 両親(りょうしん) 부모 | お見合(みあ)い 맞선 | 学校(がっこう) 학교

廊下(ろうか) 복도 | 立(た)つ 서다 | キス 키스, 뽀뽀 | どれくらい 얼마나, 어느정도 | 経(た)つ 지나다, (시간이) 흐르다

彼氏(かれし) 남자친구 | 別(わか)れる 헤어지다, 결별하다 | ジョギング 조깅 | 始(はじ)める 시작하다

アメリカ 미국 | 渡(わた)る 건너다, 건너가다

Ⅰ 다음 한자의 히라가나와 뜻을 쓰세요.

1 経験 ➡ [   ] [   ]

2 連絡 ➡ [   ] [   ]

3 無理 ➡ [   ] [   ]

4 掃除 ➡ [   ] [   ]

5 見合い ➡ [   ] [   ]

Ⅱ 다음 낱말을 가타카나로 쓰세요.

6 아르바이트 ➡ [   ]

7 미국 ➡ [   ]

8 화장실 ➡ [   ]

Ⅲ 다음 문장을 일본어로 쓰세요.

9 엄마는 나에게 방 청소를 시켰습니다.

➡ _____。

10 역 앞에서 (어쩔 수 없이) 1시간이나(〜も) 기다렸습니다.

➡ _____。

11 여기에서 일하게 해 주시지 않겠습니까?

➡ _____。

ケーキ キス スマイル ルーム

케이크   키스   스마일   룸

가타카나 쓰기

ケーキ
けーき
케이크

ケーキ			

キス
きす
키스

キス			

スマイル
すまいる
스마일

スマイル			

ルーム
るーむ
룸

ルーム			

A 문 씨는 월~일요일 중, 무슨 요일에 일을 하게 되었는지 요일을 세 개 고르세요.

日月火水木金土

정답 (　　,　　,　　)

B 내용을 듣고 (　　　) 안에 알맞은 말을 일본어로 적으세요.

日本の生活にも慣れたので、アルバイトを(　　　　　)と思ってい
ろいろ探してみましたが、なかなかいいアルバイトが 見つかり
ません。気に入ったアルバイトがあっても希望者が多いせいか
雇ってもらえません。
でも、この間いいところを見つけて、電話したところ、履歴
書を 送るように(　　　　　)。時給もいい方だ(　　)、家から近
い所だ(　　)雇ってもらえたらうれしいです。

家庭料理
<small>か　てい　りょう　り</small>

가정 요리

木村　わあ、おいしそうですね。

ムン　全部手作りですか。

広末　ええ、ムンさんは久しぶりの家庭料理でしょ。

木村　大変だったでしょう。ありがとうございます。

ムン　広末さんは料理を作るのが好きみたいですね。

広末　ええ、母の話では小さい時から料理が好きだったらし

　　　いですよ。

木村　広末さん、今日は特に女らしく見えますよ。

ムン　エプロン姿がとても似合いますね。

낱말과 표현

手作(てづく)り 직접 만든 것｜久(ひさ)しぶり 오랜만｜家庭料理(かていりょうり) 가정요리

女(おんな)らしい 여성스럽다｜見(み)える 보이다｜エプロン 앞치마｜姿(すがた) 모습, 자세

似合(にあ)う 어울리다

01 ～そうだ・ようだ・みたいだ・らしい의 접속법

	そうだ 추측·양태	ようだ	みたいだ (ようだ의 회화체)	らしい
명사(N)	×	N＋の＋ようだ	N＋みたいだ	N＋らしい
い형용사	い＋そうだ いい → よさそうだ ない → なさそうだ	～い ～くない ～かった ～くなかった } ようだ	～い ～くない ～かった ～くなかった } みたいだ	～い ～くない ～かった ～くなかった } らしい
な형용사	だ＋そうだ	だ → な ～じゃない ～だった ～じゃなかった } ようだ	だ ～じゃない ～だった ～じゃなかった } みたいだ	だ ～じゃない ～だった ～じゃなかった } らしい
동사(V)	ます형 ＋そうだ	기본형 ～た ～ない ～ている } ようだ	기본형 ～た ～ない ～ている } みたいだ	기본형 ～た ～ない ～ている } らしい

02 추측의 そうだ・ようだ・らしい 예문

예 矢田さんは性格が良さそうです。

中山さんの彼女は親切そうです。

今にも雨が降りそうだから傘を持って行ってください。

先生は魚があまり好きじゃないようです。

ムンさんは彼女がいるらしいです。

03　비유의 ようだ(みたいだ) 예문

예　これはまるで本物（ほんもの）のようです。

　　まるで夢（ゆめ）みたいですね。

04　〜らしい(〜답다) 예문

예　木村（きむら）さんは男（おとこ）らしくてハンサムです。

　　そんな行動はキムさんらしくないですね。

낱말과 표현

性格(せいかく) 성격 | 彼女(かのじょ) 여자 친구 | 今(いま)にも 지금이라도 | 傘(かさ) 우산 | 魚(さかな) 생선
まるで 마치 | 本物(ほんもの) 진품, 진짜 | 夢(ゆめ) 꿈 | ハンサムだ 잘 생기다 | 行動(こうどう) 행동

다음 보기와 같이 연습해 보세요.

Ⅰ 보기

　　A: とてもおいしそうですね。

　　B: そう見（み）えますか。

1 忙（いそが）しい

2 元気（げんき）だ

3 頭（あたま）がいい(=よい)

Ⅱ 보기

　　A: 看板（かんばん）が倒（たお）れそうですよ。

　　B: あ、ありがとうございます。

1 荷物（にもつ）が落（お）ちる

2 袋（ふくろ）が破（やぶ）れる

3 ひもが切（き）れる

─ 낱말과 표현

忙(いそが)しい 바쁘다 │ 頭(あたま) 머리 │ 看板(かんばん) 간판 │ 倒(たお)れる 넘어지다 │ 荷物(にもつ) 짐
落(お)ちる 떨어지다 │ 袋(ふくろ) 봉투 │ 破(やぶ)れる 찢어지다 │ ひも 끈 │ 切(き)れる 잘리다, 끊어지다

Ⅲ 보기

A: 木村さんは料理を作るのが好きみたいですよ。

B: そうなんですか。私は全然知りませんでした。

1 竹田・勉強をする・きらいだ
2 春香・一人でいる・好きだ
3 山本・週末に映画を見る・大好きだ
4 高橋・人のうわさをする・大嫌いだ

Ⅳ 보기

A: リンさんは小さい時から料理が好きだったらしいですよ。

B: 私も好きですよ。

1 キム・切手集め・好きだ
2 矢田・運動・得意だ
3 中山・数学・苦手だ

낱말과 표현

人(ひと)のうわさをする 다른 사람 이야기를 하다 | 切手集(きってあつ)め 우표수집 | 運動(うんどう) 운동
得意(とくい)だ 잘한다, 주특기이다 | 数学(すうがく) 수학 | 苦手(にがて)だ 잘 못하다

I 다음 한자의 히라가나와 뜻을 쓰세요.

1 家庭 ➡ [　　　　] [　　　　]

2 性格 ➡ [　　　　] [　　　　]

3 本物 ➡ [　　　　] [　　　　]

4 夢 ➡ [　　　　] [　　　　]

5 姿 ➡ [　　　　] [　　　　]

II 다음 낱말을 가타카나로 쓰세요.

6 앞치마 ➡ [　　　　]

7 잘 생김 ➡ [　　　　]

8 타입 ➡ [　　　　]

III 다음 문장을 일본어로 쓰세요.

9 다나카 씨는 일본 노래를 좋아하는 것 같습니다.(ようだ)

➡ ＿＿＿＿＿＿＿＿＿＿＿＿＿＿＿＿＿＿＿＿＿。

10 이 영화 재미있을 것 같아요.(そうだ)

➡ ＿＿＿＿＿＿＿＿＿＿＿＿＿＿＿＿＿＿＿＿＿。

11 지금이라도 눈(雪ゆき)이 내릴 것 같습니다.

➡ ＿＿＿＿＿＿＿＿＿＿＿＿＿＿＿＿＿＿＿＿＿。

12 친구는 다음 주 월요일에 일본에 오는 것 같습니다.(らしい)

➡ ＿＿＿＿＿＿＿＿＿＿＿＿＿＿＿＿＿＿＿＿＿。

すうがく がくしゅう しゅうかん かんよう
数学 学習 習慣 慣用
수학 · · · · ▸ 학습 · · · · ▸ 습관 · · · · ▸ 관용

한자 쓰기

数学
すうがく
수학

数学			

学習
がくしゅう
학습

学習			

習慣
しゅうかん
습관

習慣			

慣用
かんよう
관용

慣用			

A 두 사람의 대화를 듣고 무슨 요리에 대한 이야기인지 ① ② ③ ④ 중에서 고르세요.

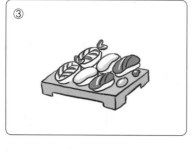

정답 (   )

B 내용을 듣고 (   ) 안에 알맞은 말을 일본어로 적으세요.

今日広末さんの家へ夕食に招待(   )。広末さんはとても
料理(   )上手でした。家に着くともう(   )料理ができ
ていました。とてもおいしいのでどれから食べたらいいのか
迷ってしまいました。どれもおいしかったのですが、中でも
お好み焼きが一番気に入りました。広末さんが作り方を教え
てくれたので今度僕も作って(   )と思います。

142

일본인의 성씨 베스트 20

일본인의 성씨는 약 27만 개 정도로, 우리나라 성씨보다 훨씬 많습니다. 그렇기 때문에 이름보다는 성으로 부르는 것이 보통이죠. 아래는 일본에서 가장 많이 쓰이는 성씨를 인구수대로 순위를 매긴 것입니다.

순위	성씨	인구
01	佐藤(さとう)	약 1,928,000
02	鈴木(すずき)	약 1,707,000
03	高橋(たかはし)	약 1,416,000
04	田中(たなか)	약 1,336,000
05	渡辺(わたなべ)	약 1,135,000
06	伊藤(いとう)	약 1,080,000
07	山本(やまもと)	약 1,077,000
08	中村(なかむら)	약 1,058,000
09	小林(こばやし)	약 1,019,000
10	斎藤(さいとう)	약 980,000
11	加藤(かとう)	약 860,000
12	吉田(よしだ)	약 835,000
13	山田(やまだ)	약 816,000
14	佐々木(ささき)	약 716,000
15	山口(やまぐち)	약 641,000
16	松本(まつもと)	약 634,000
17	井上(いのうえ)	약 610,000
18	木村(きむら)	약 584,000
19	林(はやし)	약 541,000
20	清水(しみず)	약 524,000

旅行

りょ こう

여행

広末　ムンさん、夏休みは韓国に帰るんですか。

ムン　いいえ、韓国から家族を呼ぶことにしました。

広末　へえ～、ムンさんは何人家族ですか。

ムン　4人家族です。父と母と姉がいます。

広末　それは楽しみですね。親孝行ができますね。

ムン　ええ、父と母は温泉に行きたがっているんです。

広末　温泉なら箱根がいいですよ。

낱말과 표현

夏休(なつやす)み 여름방학, 여름휴가 │ 家族(かぞく) 가족 │ 呼(よ)ぶ 부르다 │ 姉(あね) 누나, 언니

楽(たの)しみ 즐거움, 기대 │ 親孝行(おやこうこう) 효도, 효행 │ 温泉(おんせん) 온천 │ ～たがる ～하고 싶어하다

箱根(はこね) 하코네(온천으로 유명한 지명)

01 가족 관계

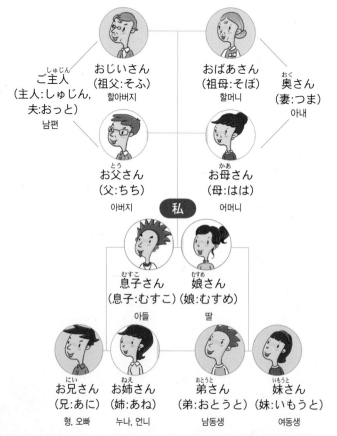

おじいさん
しゅじん
ご主人
(祖父:そふ)
(主人:しゅじん,
할아버지
夫:おっと)
남편

おばあさん
(祖母:そぼ)
おく
奥さん
할머니
(妻:つま)
아내

とう
お父さん
(父:ちち)
아버지

かあ
お母さん
(母:はは)
어머니

私

むすこ
息子さん
(息子:むすこ)
아들

むすめ
娘さん
(娘:むすめ)
딸

にい
お兄さん
(兄:あに)
형, 오빠

ねえ
お姉さん
(姉:あね)
누나, 언니

おとうと
弟さん
(弟:おとうと)
남동생

いもうと
妹さん
(妹:いもうと)
여동생

호 칭	나의 가족을 남에게 말할 때	남의 가족을 부를 때	나의 가족을 부를 때
할아버지	祖父(そふ)	おじいさん	おじいさん
할머니	祖母(そぼ)	おばあさん	おばあさん
아버지	父(ちち)	お父(とう)さん	お父さん
어머니	母(はは)	お母(かあ)さん	お母さん
형・오빠	兄(あに)	お兄(にい)さん	お兄さん
누나・언니	姉(あね)	お姉(ねえ)さん	お姉さん
남동생	弟(おとうと)	弟(おとうと)さん	이름
여동생	妹(いもうと)	妹(いもうと)さん	이름

02 ～ことにする(なる)　～하기로 하다(～하게 되다)

～동사 ＋ ことにする	～하기로 하다	예 日本へ行くことにしました。
～동사 ＋ ことになる	～하게 되다	예 日本へ行くことになりました。

예　来年日本に留学することにしました。

今日から夕ご飯を食べないことにしました。

ワンさんの代わりに山本さんが 行くことになりました。

鈴木さんはスーパーでアルバイトをすることになりました。

03 조수사

～人

ひとり　　ふたり　　さんにん　　よにん　　　ごにん
ろくにん　しちにん　はちにん　　きゅうにん　じゅうにん

～つ

ひとつ　ふたつ　　みっつ　　　よっつ　　　いつつ
むっつ　ななつ　　やっつ　　　ここのつ　　とお

～匹

いっぴき　　にひき　　さんびき　　よんひき　　ごひき
ろっぴき　　ななひき　はっぴき　　きゅうひき　じゅっぴき

～本

いっぽん　　にほん　　さんぼん　　よんほん　　ごほん
ろっぽん　　ななほん　はっぽん　　きゅうほん　じゅっぽん

例 机の上にりんごがいつつあります。

椅子の下に猫が1匹います。

あそこにペンが3本あります。

学校の前に女の人が2人います。

04 위치 표현

上	下	中	前	後ろ	向う
위	아래	안	앞	뒤	맞은편
右	左	横	隣	側	間
오른쪽	왼쪽	옆	옆, 이웃	근처, 옆	사이

05 지시 대명사

	근칭	중칭	원칭	부정칭
사물	これ	それ	あれ	どれ
장소	ここ	そこ	あそこ	どこ
방향	こちら	そちら	あちら	どちら
연체사(1)	この	その	あの	どの
연체사(2)	こんな	そんな	あんな	どんな

낱말과 표현

来年(らいねん) 내년 | 留学(りゅうがく) 유학 | 〜の代(か)わりに 〜대신에 | スーパー 슈퍼, 슈퍼마켓
アルバイト 아르바이트 | りんご 사과 | 猫(ねこ) 고양이 | ペン 펜 | 学校(がっこう) 학교
女(おんな)の人(ひと) 여자

다음 보기와 같이 연습해 보세요.

Ⅰ 보기

A : ムンさんは何人家族ですか。
　　　　　　　なんにん か ぞく

B : 4人家族です。
　　よにん

1 　2 　3 　4

3人　　　　　5人　　　　　6人　　　　　7人

Ⅱ 보기

A : 温泉ならどこがいいですか。
　　おんせん

B : 箱根がいいです。
　　はこ ね

1 海・どこ・沖縄
　うみ　　　 おきなわ

2 和食・何・お寿司
　わ しょく なに　 す し

3 お寺・どこ・京都
　てら　　　 きょう と

4 着物・何・友禅
　き もの なに ゆうぜん

낱말과 표현

温泉(おんせん) 온천 ｜ 海(うみ) 바다 ｜ 和食(わしょく) 일식 ｜ お寿司(すし) 초밥 ｜ お寺(てら) 절
着物(きもの) 기모노 ｜ 友禅(ゆうぜん) 꽃, 새, 초목 무늬의 비단

A：ムンさんは何人家族ですか。

B：４人家族です。父と母と姉がいます。

A：お姉さんは何をしていますか。

B：姉は 今、会社員です。

1. ３人・一人っ子・母・専業主婦
2. ４人・父、母、兄・大学院生
3. ５人・父、母、姉、弟・高校生
4. ６人・父、母、祖母、弟、妹・中学生

A：母が温泉に行きたがっているんです。

B：温泉なら箱根がいいですよ。

1. 弟・洋服を 買う・デパート
2. ムンさん・日本料理を 食べる・おさしみ
3. 父・釣りをする・川釣
4. ワンさん・日本料理を 習う・すき焼き

낱말과 표현

専業主婦(せんぎょうしゅふ) 전업주부 | 大学院生(だいがくいんせい) 대학원생 | 高校生(こうこうせい) 고등학생

中学生(ちゅうがくせい) 중학생 | 温泉(おんせん) 온천 | 洋服(ようふく) 양복 | 料理(りょうり) 요리

釣(つ)り 낚시 | 川釣(かわづり) 강낚시 | 習(なら)う 배우다 | すき焼(や)き 전골

150

I 다음 한자의 히라가나와 뜻을 쓰세요.

1 夏休み ➡ ☐ ☐

2 家族 ➡ ☐ ☐

3 来週 ➡ ☐ ☐

4 温泉 ➡ ☐ ☐

5 小説 ➡ ☐ ☐

II 다음 낱말을 가타카나로 쓰세요.

6 펜 ➡ ☐

7 콘서트 ➡ ☐

8 애니메이션 ➡ ☐

III 다음 문장을 일본어로 쓰세요.

9 몇 식구입니까? 아빠, 엄마, 누나, 나 네 식구입니다.

➡ _____ 。

10 여동생도 미국(アメリカ)에 가고 싶어합니다.

➡ _____ 。

11 다음 주부터 일본요리를 배우기로 했습니다.

➡ _____ 。

メニュー ニュース スーツ ツイン

메뉴   뉴스   양복   트윈

가타카나 쓰기

メニュー | めにゅー
메뉴

メニュー			

ニュース | にゅーす
뉴스

ニュース			

スーツ | すーつ
양복

スーツ			

ツイン | ついん
트윈

ツイン			

A 내용을 듣고 왕 씨의 가족을 올바르게 설명한 그림을 고르세요.

정답 (　　　　　)

B 내용을 듣고 (　　) 안에 알맞은 말을 일본어로 적으세요.

今日韓国から家族が(　　　　)来ます。３時に空港で会うことに
しました。家から空港までけっこう時間がかかるので、そろそ
ろ家を出なければなりません。会ったら何をしようかといろい
ろ考えています。姉はディズニーランドに行き(　　　)います。
両親は温泉に行きたい(　　　)です。みんなのしたいことが違う
(　　　)、私は大変です。

韓国へ帰る
한국으로 돌아가다

ありがとう
ございます

ムン 先生、長い間、お世話になりました。今月の30日に帰ります。

先生 お国に帰っても頑張ってください。

ムン 毎週月曜日に受けた漢字テストがずいぶん役に立ちました。

先生 そう言ってくれると嬉しいです。

ムン 先生、韓国にいらっしゃったらぜひご連絡ください。私がご案内致しますので。

先生 ムンさんも日本に来た時は連絡してくださいね。

ムン わかりました。

낱말과 표현

長(なが)い 間(あいだ) 오랫동안 | お世話(せわ)に なる 신세를 지다 | 今月(こんげつ) 이번 달 | 国(くに) 나라, 고국
頑張(がんば)る 열심히 하다 | 毎週(まいしゅう) 매주 | 受(う)ける (시험을) 치르다, 받다 | 漢字(かんじ) 한자
ずいぶん 상당히, 꽤 | 役(やく)に 立(た)つ 도움이 되다 | 嬉(うれ)しい 기쁘다 | ぜひ 꼭 | 連絡(れんらく) 연락
案内(あんない) 안내 | わかる 알다

01 특수한 존경어와 겸양어

기본형	존경어	겸양어
いる	いらっしゃる	おる
行<ruby>行<rt>い</rt></ruby>く		参<ruby>参<rt>まい</rt></ruby>る
来<ruby>来<rt>く</rt></ruby>る		
飲<ruby>飲<rt>の</rt></ruby>む	召<ruby>召<rt>め</rt></ruby>し上<ruby>上<rt>あ</rt></ruby>がる	いただく
食<ruby>食<rt>た</rt></ruby>べる		
知<ruby>知<rt>し</rt></ruby>る	ご存<ruby>存<rt>ぞん</rt></ruby>じだ	存<ruby>存<rt>ぞん</rt></ruby>じる(存<ruby>存<rt>ぞん</rt></ruby>ずる) 知っておる
死<ruby>死<rt>し</rt></ruby>ぬ	亡<ruby>亡<rt>な</rt></ruby>くなる	
見<ruby>見<rt>み</rt></ruby>る	ご覧<ruby>覧<rt>らん</rt></ruby>になる	拝見<ruby>拝見<rt>はいけん</rt></ruby>する
する	なさる	いたす
言<ruby>言<rt>い</rt></ruby>う	おっしゃる	申<ruby>申<rt>もう</rt></ruby>す・申<ruby>申<rt>もう</rt></ruby>し上<ruby>上<rt>あ</rt></ruby>げる
訪<ruby>訪<rt>たず</rt></ruby>ねる		伺<ruby>伺<rt>うかが</rt></ruby>う
くれる	くださる	
あげる		さしあげる
ある		ござる

156

02 존경어 · 겸양어 공식

존경어	예문
お + ます형 + になる ~하시다 お(ご) + 한자어 + ください ~해 주세요	お読みになります お読みください ご乗車になる ご乗車ください

겸양어	예문
お + ます형 + する ~하다 お(ご) + 한자어 + いたす ~해 드리다	お持ちします お持ちいたします ご案内します ご案内いたします

03 자주 쓰는 존경어와 겸양어

① 今どこへいらっしゃいますか。(行く) 지금 어디에 가십니까?

② いつ韓国へいらっしゃいましたか。(来る) 언제 한국에 오셨습니까?

③ 鈴木さん、いらっしゃいますか。(いる) 스즈키 씨 계십니까?

④ もしもし、矢田さんのお宅ですか。私は山本と申しますが。

여보세요. 야다 씨 댁입니까? 저는 야마모토라고 합니다만.

⑤ 少々お待ちください。잠시만 기다려 주세요.

⑥ 日本語でご説明ください。일본어로 설명해 주십시오.

⑦ 私が直接ご案内いたします。제가 직접 설명해 드리겠습니다.

⑧ お待たせしました。오래 기다리셨습니다.

⑨ 前からお目にかかりたかったのです。전부터 뵙고 싶었습니다.

⑩ よろしくお願いいたします。잘 부탁드립니다.

⑪ 召し上がってください。드십시오.

⑫ いただきます。잘 먹겠습니다.

⑬ あとで、お電話いたします。나중에 전화 드리겠습니다.

⑭ お住まいはどちらですか。댁이 어디십니까?

⑮ ここにお名前とご住所をお書きください。여기에 성함과 주소를 써 주십시오.

낱말과 표현

乗車(じょうしゃ) 승차 | お宅(たく) 댁 | 説明(せつめい) 설명 | 直接(ちょくせつ) 직접 | 案内(あんない) 안내
電話(でんわ) 전화 | 名前(なまえ) 이름 | 住所(じゅうしょ) 주소

다음 보기와 같이 연습해 보세요.

Ⅰ 보기

A: ぜひご連絡ください。

B: わかりました。

1 利用
2 出席
3 来店
4 相談

Ⅱ 보기

A: 私がご案内いたします。

B: どうもありがとうございます。

1 招待
2 紹介
3 連絡
4 報告

Ⅲ 보기

A: 田中さんはお帰りになりましたか。

B: いいえ、まだです。

1 会社に戻る
2 この本を読む
3 空港に着く

Ⅳ 보기

A: 先生、私が代わりに お持ちしましょう。
B: 大丈夫です。これぐらいは自分で持てますよ。

1 送る
2 運ぶ
3 作る

낱말과 표현

利用(りよう) 이용 | 出席(しゅっせき) 출석 | 来店(らいてん) 가게에 옴 | 相談(そうだん) 상담 | 案内(あんない) 안내
招待(しょうたい) 초대 | 連絡(れんらく) 연락 | 報告(ほうこく) 보고 | 戻(もど)る 되돌아오다 | 着(つ)く 도착하다
代(か)わり 대신, 대신에 | 自分(じぶん) 자신, 자기 | 送(おく)る 보내다 | 運(はこ)ぶ 나르다

Ⅰ 다음 한자의 히라가나와 뜻을 쓰세요.

1 紹介 ➡ [　　　　] [　　　　]

2 案内 ➡ [　　　　] [　　　　]

3 招待 ➡ [　　　　] [　　　　]

4 出席 ➡ [　　　　] [　　　　]

5 利用 ➡ [　　　　] [　　　　]

Ⅱ 다음 낱말을 가타카나로 쓰세요.

6 스포츠 ➡ [　　　　　]

7 테이블 ➡ [　　　　　]

8 메뉴 ➡ [　　　　　]

Ⅲ 다음 문장을 일본어로 쓰세요.

9 신세 많이 졌습니다.

➡ _____ 。

10 한국에 오시면 꼭 연락해 주십시오.

➡ _____ 。

11 제가 설명(説明^{せつめい})해 드리겠습니다.

➡ _____ 。

12 한자로 성함을 써 주십시오.

➡ _____ 。

はん たい
反対
반대

たい あん
対案
대안

あん ない
案内
안내

ない よう
内容
내용

한자 쓰기

反対 | はんたい
　　　반대

反対			

対案 | たいあん
　　　대안

対案			

案内 | あんない
　　　안내

案内			

内容 | ないよう
　　　내용

内容			

A 두 사람의 대화를 잘 듣고 일치하는 내용을 ① ② ③ ④ 중에서 고르세요.

정답 (　　　　　)

B 내용을 듣고 (　　) 안에 알맞은 말을 일본어로 적으세요.

日本に来て一年が過ぎました。月末には国に(　　　　　　)と
思っています。

一年間、いろいろなことがありましたが、いい思い出ばかり
です。

特に熱心に教えて(　　　　)先生のことは忘れられません。

今は国に帰ったら何を(　　　　)、悩んでいます。

できれば日本語を生かせる会社(　　　　)働きたいと 思って
います。

읽기 연습

　来月、井上先生が結婚するそうです。井上先生は私の担任です。とても親切な先生で、毎日一生懸命、日本語を教えてくださいます。結婚式の日には心から祝福しようと思います。

　日本の生活にも慣れて、アルバイトをしようと思っていろいろ探してみましたが、なかなかいいアルバイトが見つかりません。でも、この間やっとアルバイトが見つかりました。条件もいいし、何よりも家から近いので助かります。

　今日は夕食に招待されて広末さんの家へ行きました。広末さんの家に入ってみるとおいしそうな料理がもう準備されていました。何から食べたらいいのかとても迷いました。料理はとてもおいしかったです。食べた料理の中でお好み焼きが一番おいしかったです。

　今日は韓国から家族が遊びに来ます。家から空港までけっこう時間がかかるので、早めに家を出なければなりません。日本に来たら何をしようかといろいろ考えています。姉はディズニーランドに行きたがっています。両親は温泉に行きたがっています。みんなのしたいことが違うので、私は大変です。

　日本に来て一年が過ぎました。今月の月末には国に帰らなければなりません。一年間、いろいろなことがありましたが、いい思い出ばかりです。特に熱心に教えてくださった先生は忘れられません。

　今は国に帰ったら何をしようか、悩んでいます。できれば、日本語を生かせる会社で働きたいと思っています。

낱말과 표현

結婚(けっこん) 결혼 | 担任(たんにん) 담임 | 見(み)つかる 발견되다 | この間(あいだ) 요전번

アルバイト 아르바이트 | 条件(じょうけん) 조건 | 何(なに)よりも 무엇보다도 | 夕食(ゆうしょく) 저녁밥

招待(しょうたい) 초대 | 準備(じゅんび) 준비 | 迷(まよ)う 헤매다 | 空港(くうこう) 공항 | 早(はや)めに 좀 더 일찍 | 考(かんが)える 생각하다 | ディズニーランド 디즈니랜드 | 温泉(おんせん) 온천 | 違(ちが)う 다르다

すぎる 지나다 | 国(くに) 나라, 고국 | 思(おも)い出(で) 추억 | 〜ばかり 〜뿐 | 熱心(ねっしん)に 열심히

悩(なや)む 고민하다 | 生(い)かす 살리다 | 働(はたら)く 일하다

11~15과 낱말과 표현 정리

⑪과

- 留学生(りゅうがくせい) 유학생
- 集(つど)い 모임
- 招待(しょうたい) 초대
- びっくりする 깜짝 놀라다
- 年上(としうえ) 연상
- 愛(あい) 사랑
- 関係(かんけい) 관계
- ショック 쇼크
- ファン 팬(fan)
- 毎週(まいしゅう) 매주
- 休(やす)み 휴일, 쉬는날
- スポーツ 스포츠
- 天気予報(てんきよほう) 일기예보
- ～によると ～에 의하면, ～에 따르면
- 雪(ゆき) 눈
- ニュース 뉴스
- 来週(らいしゅう) 다음 주
- 台風(たいふう) 태풍
- 風邪(かぜ)をひく 감기에 걸리다
- 告白(こくはく) 고백
- 服(ふく) 옷
- 国(くに) 나라, 고국
- 退院(たいいん) 퇴원
- 店(みせ) 가게
- 開店(かいてん) 개점, 가게를 냄
- 別(わか)れる 헤어지다
- 飛行機(ひこうき) 비행기
- 落(お)ちる 떨어지다
- 戦争(せんそう)が起(お)きる 전쟁이 일어나다
- 泥棒(どろぼう) 도둑
- 春(はる) 봄

- 入院(にゅういん) 입원
- 市内(しない) 시내
- 火事(かじ) 화재
- ～ごろ ～경, ～쯤
- ～について ～에 대하여, ～에 관하여
- 物価(ぶっか) 물가
- 交通費(こうつうひ) 교통비
- 講義(こうぎ) 강의
- 役(やく)に立(た)つ 도움이 되다
- 機械(きかい) 기계
- 使(つか)いやすい 사용하기 쉽다
- 午後(ごご) 오후
- こんなに 이렇게
- ちゃんと 제대로, 똑바로
- ボーイフレンド 남자친구
- なぜ 왜
- 憧(あこが)れる 동경하다
- 祝福(しゅくふく) 축복

⑫과

- 広告(こうこく) 광고
- 過(す)ぎる 지나다, 지나가다
- 経験(けいけん) 경험
- 履歴書(りれきしょ) 이력서
- 連絡(れんらく) 연락
- 説明(せつめい) 설명
- 校長(こうちょう) 교장 선생님
- トイレ 화장실
- 健康(けんこう) 건강
- ～ため ～를 위하여, ～때문에
- 広場(ひろば) 광장
- 座(すわ)る 앉다
- 習(なら)い始(はじ)める 배우기 시작하다

- 教師(きょうし) 교사
- 無理(むり)やり 어쩔 수 없이, 억지로
- お見合(みあ)い 맞선
- 廊下(ろうか) 복도
- キス 키스
- どれくらい 얼마나, 어느 정도
- 経(た)つ (시간이) 지나다, 흐르다
- ジョギング 조깅
- 始(はじ)める 시작하다
- アメリカ 미국
- お宅(たく) 댁
- 希望(きぼう) 희망
- 変(か)える 바꾸다
- なかなか 좀처럼
- この間(あいだ) 요전번
- 時給(じきゅう) 시급
- 雇(やと)う 고용하다

⑬과

- 家庭料理(かていりょうり) 가정요리
- 手作(てづく)り 직접 만든 것
- 久(ひさ)しぶり 오랜만
- 女(おんな)らしい 여성스럽다
- 見(み)える 보이다
- エプロン 앞치마
- 姿(すがた) 모습, 자세
- 似合(にあ)う 어울리다
- 性格(せいかく) 성격
- 今(いま)にも 지금이라도
- 魚(さかな) 생선
- まるで 마치
- 本物(ほんもの) 진품, 진짜
- 夢(ゆめ) 꿈

164

□ ハンサムだ 잘 생기다
□ 忙(いそが)しい 바쁘다
□ 看板(かんばん) 간판
□ 倒(たお)れる 넘어지다
□ 荷物(にもつ) 짐
□ 袋(ふくろ) 봉투
□ 破(やぶ)れる 찢어지다
□ ひも 끈
□ 切(き)れる 잘리다, 끊어지다
□ 人(ひと)のうわさをする 다른 사람
　 이야기를 하다
□ 切手集(きってあつ)め 우표수집
□ 得意(とくい)だ 잘한다, 주특기이다
□ 数学(すうがく) 수학
□ 苦手(にがて)だ 잘 못하다
□ 小麦粉(こむぎこ) 밀가루
□ 混(ま)ぜる 섞다
□ 材料(ざいりょう) 재료
□ チヂミ 부침개
□ お好(この)み焼(や)き 일본식 빈대떡
□ 僕(ぼく) 나
□ フライパン 후라이팬
□ 夕食(ゆうしょく) 저녁식사

14과

□ 夏休(なつやす)み 여름방학, 여름휴가
□ 家族(かぞく) 가족
□ 呼(よ)ぶ 부르다
□ 姉(あね) 누나, 언니
□ 楽(たの)しみ 즐거움, 기대
□ 親孝行(おやこうこう) 효도, 효행
□ 温泉(おんせん) 온천
□ ～たがる ～하고 싶어하다

□ ～の代(か)わりに ～대신에
□ アルバイト 아르바이트
□ りんご 사과
□ 猫(ねこ) 고양이
□ ペン 펜
□ 女(おんな)の人(ひと) 여자
□ 和食(わしょく) 일식
□ 着物(きもの) 기모노
□ 友禅(ゆうぜん) 꽃, 새, 초목 무늬의 비
　 단
□ 専業主婦(せんぎょうしゅふ) 전업주부
□ 大学院生(だいがくいんせい) 대학원생
□ 高校生(こうこうせい) 고등학생
□ 中学生(ちゅうがくせい) 중학생
□ 洋服(ようふく) 양복
□ 川釣(かわづり) 강 낚시
□ 習(なら)う 배우다
□ すき焼(や)き 전골
□ 空港(くうこう) 공항
□ そろそろ 슬슬

15과

□ 長(なが)い間(あいだ) 오랫동안
□ お世話(せわ)になる 신세를 지다
□ 受(う)ける (시험을) 치르다, 받다
□ 嬉(うれ)しい 기쁘다
□ ぜひ 꼭
□ 案内(あんない) 안내
□ わかる 알다
□ 乗車(じょうしゃ) 승차
□ 利用(りよう) 이용
□ 出席(しゅっせき) 출석
□ 来店(らいてん) 가게에 옴

□ 戻(もど)る 돌아오다
□ 自分(じぶん) 자신, 자기
□ 運(はこ)ぶ 나르다
□ 今月末(こんげつまつ) 이번달 말
□ パーティー 파티
□ キャンセル 캔슬, 취소
□ 切符(きっぷ) 표
□ 一年間(いちねんかん) 1년간
□ 熱心(ねっしん)に 열심히
□ 悩(なや)む 고민하다
□ 生(い)かす 살리다
□ 見(み)つかる 발견되다
□ 条件(じょうけん) 조건
□ 何(なに)よりも 무엇보다도
□ 早(はや)めに 좀 더 일찍
□ 考(かんが)える 생각하다
□ ディズニーランド 디즈니랜드
□ すぎる 지나다
□ 思(おも)い出(で) 추억

부록

테스트(TEST) 정답

1과 테스트

Ⅰ
1 かんこく 한국
2 えいが 영화
3 くうこう 공항
4 がっこう 학교
5 でんわ 전화

Ⅱ
6 バス
7 ターミナル
8 コーヒー

Ⅲ
9 はじめまして。私は山口と申します。
10 駅までどう行ったらいいですか。
11 バスに乗ってソウル駅まで来てください。
12 友達と一緒に映画を見に行きます。

2과 테스트

Ⅰ
1 しょくじ 식사
2 としょかん 도서관

3 けいたい 휴대, 휴대전화
4 とけい 시계
5 やくそく 약속

Ⅱ
6 カード
7 レポート
8 ドライブ

Ⅲ
9 朝ご飯を食べましたか。
いいえ、まだ……。
10 その映画はまだ見ていません。
11 すみません。
パスポートはどこで作りますか。
12 一緒に散歩に行きませんか。

3과 테스트

Ⅰ
1 いえ・うち 집
2 えき 역
3 やちん 집세
4 じゅぎょう 수업
5 りょう 기숙사

Ⅱ 6 タクシー

7 ホテル

8 スーパー

Ⅲ 9 家_{うち}から会社_{かいしゃ}までバスで２０分_{にじゅっぷん}ぐらいかかります。

10 駅_{えき}から歩_{ある}いて5分_{ごふん}のところにあります。

11 家賃_{やちん}は一_{いっ}か月_{げつ}いくらぐらいですか。

12 日本_{にほん}の家賃_{やちん}は韓国_{かんこく}よりずいぶん高_{たか}いですね。

4과 테스트

Ⅰ 1 けっこん 결혼

2 でんわ 전화

3 しゃしん 사진

4 ざんぎょう 야근, 잔업

5 どうりょう 동료

Ⅱ 6 ノートパソコン

7 デート

8 ネクタイ

Ⅲ 9 これは友達_{ともだち}が買_かってくれたかばんです。かわいいでしょう。

10 家_{うち}へ帰<sub>かえ</sub >ってもいいですか。

11 昨日_{きのう}は夜遅_{よるおそ}くまで友達_{ともだち}とお酒_{さけ}を飲_のみました。

12 日本_{にほん}への旅行_{りょこう}はどうでしたか。とても楽_{たの}しかったです。

5과 테스트

Ⅰ 1 かいもの 쇼핑

2 しゅうまつ 주말

3 やくそく 약속

4 さんぽ 산책

5 かんじ 한자

Ⅱ 6 ショッピング

7 デジカメ

8 デパート

Ⅲ 9 土曜日_{どようび}に一緒_{いっしょ}に遊_{あそ}びに行_いきませんか。

10 明日_{あした}食事_{しょくじ}に行_いきましょう。

11 ちょうど私_{わたし}も映画_{えいが}が見_みたかったんです。

12 空港_{くうこう}へ友達_{ともだち}を迎_{むか}えに行_いきました。

6과 테스트

Ⅰ 1 すいえい 수영
2 えいご 영어
3 うんてん 운전
4 りょうり 요리
5 りょうがえ 환전

Ⅱ 6 パスポート
7 ピアノ
8 ギター

Ⅲ 9 日本料理が作れますか。
10 ひらがなは読めますが、カタカナ
は読めません。
11 江川さんは運転ができません。
12 明日は妹の結婚式なので来られま
せん。

7과 테스트

Ⅰ 1 べんきょう 공부
2 まんが 만화
3 くすり 약
4 ていしゅつ 제출
5 え 그림

Ⅱ 6 テレビ
7 ゲーム
8 メール

Ⅲ 9 来週からテストなので、勉強しな
ければなりません。
10 コーヒーでも飲まない?
11 昨日は宿題をしないで寝てしまい
ました。

8과 테스트

Ⅰ 1 みち 길
2 ほどうきょう 육교
3 びょういん 병원
4 しやくしょ 시청
5 こうばん 파출소

Ⅱ 6 メートル
7 ボタン
8 ドーム

Ⅲ 9 駅に行きたいんですが、どう行っ
たらいいですか。
10 コンビニならあそこにありますが。
11 砂糖を入れると甘くなります。

9과 테스트

Ⅰ ① なかみ 내용물

② こうくうびん 항공편

③ りゅうがく 유학

④ そつぎょう 졸업

⑤ おかし 과자

Ⅱ ⑥ ダイエット

⑦ マンション

⑧ コンピューター

Ⅲ ⑨ 友達に会ってコーヒーを飲もうと思います。

⑩ 日本語の本を読もう。

⑪ 来年の9月に日本へ行く予定です。

⑫ 日本語を勉強したことがありますか。

10과 테스트

Ⅰ ① せんぱい 선배

② きんちょう 긴장

③ りょこう 여행

④ かいぎしつ 회의실

⑤ めんきょ 면허

Ⅱ ⑥ ネックレス

⑦ ワンピース

⑧ スカート

Ⅲ ⑨ 白いブラウスを着ている人は誰ですか。

⑩ ムンさんはどんなかっこうをしていますか。

⑪ 木村さんは青いセーターを着ています。

11과 테스트

Ⅰ ① かんけい 관계

② くに 나라, 고국

③ ひこうき 비행기

④ ふく 옷

⑤ たんじょうび 생일

Ⅱ ⑥ ファン

⑦ レストラン

⑧ パーティー

Ⅲ ⑨ 天気予報によると明日は雨が降るそうです。

⑩ バスの中でかばんを盗まれました。

⑪ あのレストランは静かで親切だそうです。

⑫ 山田さんが山口先生と結婚するんだって。

12과 테스트

Ⅰ ❶ けいけん 경험
❷ れんらく 연락
❸ むり 무리
❹ そうじ 청소
❺ みあい 맞선

Ⅱ ❻ アルバイト
❼ アメリカ
❽ トイレ

Ⅲ ❾ 母は私に部屋の掃除をさせました。
❿ 駅の前で1時間も待たせられました。
⑪ ここで働かせていただけませんか。

13과 테스트

Ⅰ ❶ かてい 가정
❷ せいかく 성격
❸ ほんもの 진품, 진짜
❹ ゆめ 꿈
❺ すがた 모습

Ⅱ ❻ エプロン
❼ ハンサム
❽ タイプ

Ⅲ ❾ 田中さんは日本の歌が好きなようです。
❿ この映画おもしろそうですね。
⑪ 今にも雪が降りそうです。
⑫ 友達は来週の月曜日に日本に来るらしいです。

14과 테스트

Ⅰ ❶ なつやすみ 여름방학, 여름휴가
❷ かぞく 가족
❸ らいしゅう 다음주
❹ おんせん 온천
❺ しょうせつ 소설

Ⅱ 6 ペン

7 コンサート

8 アニメ

Ⅲ 9 何人家族ですか。父と母と姉と私の4人家族です。

10 妹もアメリカへ行きたがっています。

11 来週から日本料理を習うことにしました。

11 私がご説明します。

（ご説明いたします）

12 漢字でお名前をお書きください。

15과 테스트

Ⅰ 1 しょうかい　소개

2 あんない　안내

3 しょうたい　초대

4 しゅっせき　출석

5 りよう　이용

Ⅱ 6 スポーツ

7 テーブル

8 メニュー

Ⅲ 9 たいへんお世話になりました。

10 韓国にいらっしゃったらぜひご連絡ください。

1과 16쪽

A

ムン：はじめまして。ムン・サンジュンです。

職員：よくいらっしゃいました。お疲れでしょう。

ムン：いいえ、思ったより早く着いたので。

職員：そうですか。

ムン：ところで、国際電話をかけたいんですが、どうしたらいいですか。

職員：あそこに公衆電話がありますよ。

ムン：ああ、わかりました。

정답

②

B

私は小さいときから日本にとても関心がありました。それで機会が(あったら)一度日本へ留学してみたいと思っていました。特に私は日本の伝統文化に興味を(持って)います。できれば京都に(行って)舞子や古いお寺を見ながら写真を撮ってみたいと思っています。

2과 26쪽

A

ムン：あのう、外国人登録をしたいんですが。

職員：それではここに必要事項を書いてください。

ムン：わかりました。

職員：それから写真を2枚お持ちですか。

ムン：え、写真が必要なんですか。

職員：はい。すぐ前に写真屋がありますので、そこで撮れますよ。

ムン：わかりました。

정답

③

B

今日は区役所に(外国人)登録証と保険の申請に行ってきました。日本に着いたばかりなのにすることがたくさんあって大変です。明日は学校で学生証と図書館のカードを(作ります)。早く図書館のカードを作って、本を借りたいと思います。これから日本語の本をたくさん(読んで)一生懸命勉強する(つもり)です。

3과

A

リン：ずいぶん立派な寮ですね。

ムン：去年できたそうです。

リン：何か不便なことはありませんか。

ムン：食事もおいしいし、お風呂もきれいだし。

リン：洗濯はどうですか。

ムン：そういえば洗濯機が少ないですね。込んでいる時は困ります。

③

B

日本に来て1ヶ月が過ぎたので寮の生活にも（すっかり）慣れました。寮はダイスキ日本語学院から歩いて5分（ぐらい）のところにありますからとても便利です。（それに）部屋もきれいだし食事もおいしいです。

ルームメイトはインド人です。はじめはどんな人か心配でしたが、とてもおもしろい人で、今では1番の仲良しに（なりました）。

4과

A

女：ムンさん、すみませんが、ノートパソコン使ってもいいですか。

ムン：あの、今ですか。

女：いいえ、後でもいいんですが。

ムン：実はきのうコーヒーをこぼしてしまって、今修理に出しているんです。

女：そうなんですか。

ムン：でも、今日の3時にはできているはずなので、夜だったら大丈夫だと思いますよ。

女：本当？よかったです。

① 女の人はノートパソコンを持っています。

② 女の人はムンさんのノートパソコンを使ってはいけません。

③ ムンさんのノートパソコンは3時以降には使ってもいいです。

④ 女の人はムンさんのノートパソコンにコーヒーをこぼしてしまいました。

③

B

私のルームメイトはインド人です。日本の自動車（に）関心が（あって）日本に来ました。

この前、東京モーターショーに関する資料を（調べたい）と言ったので、コンピューターを貸して（あげました）。

A

女：どれにするか決めましたか。

男：ええ、それが、インターネットで調べてきたんですが、実際に手にとってみると…。

女：迷っちゃうんですよね。その気持ち分かりますよ。

男：どれもよく見えちゃって。

女：時間は十分ありますから、ゆっくり選んでください。

男：やっぱり画素が高い方がいいですよね。

女：そうですね。きれいに撮れるほうがいいですから。

정답

①

B

週末にルームメイトとデジカメを(買いに)行きました。初めは3万円以内で買おうと思っていました(が)、実際にいろいろ見てみるともっといい物が欲しくなってしまいました。結局、4万5千円の物を買って(しまいました)。お金がもったいないかなと思いましたが、きれいに写る(ので)後悔していません。

A

男：ついに通帳ができました。

女：外国人でも作れるんですね。

男：これから一生懸命お金を貯めるつもりです。

女：お金が貯まったらどうするんですか。

男：ヨーロッパを一周するつもりです。

정답

②

B

今日銀行へ行って通帳を作りました。外国人でも口座が(開けました)。私は来月から5万円(ずつ)貯める(つもり)です。お金が貯まったらヨーロッパを一周してみたいです。一生懸命(貯めて)早くヨーロッパに行きたいです。

78쪽

A

矢田：今日映画でも見に行かない?

ムン：見に行きたいんだけど、明日テストがあるんだ。

矢田：今頃テストをするの?

ムン：うちの担任の先生、毎週漢字のテストをするんだ。

矢田：それじゃ勉強しなくちゃね。

ムン：そうなんだよ。それに点数が悪いと追試をするんだよ。

矢田：ずいぶん厳しい先生ね。

問題　今日ムンさんは何をしますか。

① 友達と一緒に映画を見に行きます。

② 今日テストを受けます。

③ 明日テストがあるので勉強しなければなりません。

④ 担任の先生に会って一緒に映画を見ます。

정답

③

B

日本語学校の生活は(かなり)大変です。毎日宿題を提出しなければならない(し)、小テストも毎週あります。私は疲れて宿題を(しないで)寝てしまうこともあります。でも勉強は大変でも友達がたくさんできた(ので)毎日楽しいです。

88쪽

A

男：すみません。ここから一番近い駅はどこにありますか。

女：地下鉄ですか、JRですか。

男：どちらでもかまいません。ここから近い方がいいんですが。

女：だったら地下鉄がいいですよ。最初の交差点を左に曲がって200メートルぐらい行くとありますよ。

男：どうもありがとうございました。

女：いいえ。

정답

①

B

私の家から学院まで歩いて１５分(ぐらい)かかります。家を出て右にまっすぐ(行くと)踏み切り(に)出ます。

踏み切りを渡って線路沿いに左にまっすぐ行くと大きな交差点があります。その交差点を(右)に曲がると学院が見えてきます。

A

郵便局員：航空便だと３６００円ですが。

ムン　　　：そんなに高いんですか。船便だと
　　　　　　いくらになりますか。

郵便局員：２２５０円になります。あのう、
　　　　　　船便だと１ヶ月ぐらいかかります
　　　　　　がよろしいでしょうか。中身は食
　　　　　　べ物でしたよね。

ムン　　　：お煎餅ですから大丈夫とは思うん
　　　　　　ですが、１ヶ月もかかるんですか。

郵便局員：ええ、航空便なら１週間ぐらいで
　　　　　　すが……

ムン　　　：そうですか。じゃ、いいです。止
　　　　　　めておきます。

정답

②

B

今日は韓国に小包を(送ろう)と思って郵便局
に行きました。
思ったより料金が(高くて)びっくりしまし
た。
家族にいろいろなお土産を送る(つもり)でし
たが、送らないで帰国する時に持って(いこ
う)と思いました。

A

ムン：もしもし、ムンだけど。

星野：どうだった？

ムン：とても親切で、すてきな人だったよ。
　　　紹介してくれてどうもありがとう。

星野：よかった。気に入ってくれて。

ムン：でも……。

星野：どうかしたの？

ムン：連絡先を聞くのを忘れてしまって。

星野：大丈夫。私が知っているから。

① ムンさんは彼女に会えませんでした。

② ムンさんは彼女のことが大嫌いです。

③ ムンさんは彼女に会いたくありません。

④ ムンさんは彼女に電話したがっています。

정답

④

B

昨日、友達がとてもすてきな女性を紹介して
くれました。黄色いワンピースを(着て)すて
きなピアスを(して)いました。このようにし
て女性を紹介してもらったのははじめてだっ
た(ので)とても緊張しました。とても緊張し
たので、連絡先を聞くのを(忘れて)しまいま
した。

11과

A

ムン：今日の天気予報、見ましたか。

女　：いいえ。何か。

ムン：午後から雨が降るそうですよ。

女　：こんなにいい天気なのに、雨が降るなんて。

ムン：私はちゃんと傘を持ってきましたよ。

女　：私は傘は必要ないから。

ムン：どうして。

女　：午後からボーイフレンドとドライブに行くから。

問題　女の人はなぜ傘が要りませんか。

① 傘を持っているから

② 雨が降らないから

③ 車の中にいるから

④ 家に帰るから

③

B

来月、井上先生が(結婚する)そうです。私はこの知らせを(聞いて)びっくりしました。井上先生は私の担任です。とても親切な先生で、毎日一生懸命、日本語を教えてくださいます。私は少し憧れていました。それだけにちょっと(がっかり)しました。

でも、結婚式の日には心から祝福しようと(思っています)。

12과

A

職員：もしもし、ムンさんのお宅ですか。

ムン：はい、そうです。私がムンですが。

職員：アルバイトの件でお電話しました。

ムン：どうもありがとうございます。お待ちしていました。

職員：ムンさんの希望は確か月・水・金の午後7時からでしたよね。

ムン：はい、そうです。

職員：実は月曜日は人がいっぱいなので……火曜日に変えられませんか。

ムン：火曜日は8時からなら大丈夫なんですが。

職員：じゃ、火・水・金でいいですね。来週から来てください。

火・水・金

B

日本の生活にも慣れたので、アルバイトを(しよう)と思っていろいろ探してみましたが、なかなかいいアルバイトが見つかりません。気に入ったアルバイトがあっても希望者が多いせいか雇ってもらえません。

でも、この間やっといいところを見つけて、電話したところ、履歴書を送るように(言われました)。時給もいい方だ(し)、家から近い所だ(から)雇ってもらえたらうれしいです。

A

ムン : これ、とてもおいしいですね。

広末 : そうですか。

ムン : どうやって作るんですか。

広末 : まず、キャベツと小麦粉を混ぜるんで
す。それから中に入れる材料は何でも
いいんです。好きな物を入れてくださ
い。

ムン : 韓国のチヂミみたいですね。

広末 : ええ、お好み焼きはかつおぶしと青の
りをのせたりして食べるんですよ。

ムン : 今度僕も作ってみようかな。
でもまずフライパンを買わなきゃ。

＊チヂミ 부침개

　　　②

B

今日は広末さんの家へ夕食に招待(されまし
た)。広末さんはとても料理(が)上手でした。家
に着くともう(おいしそうな)料理ができていま
した。とてもおいしいのでどれから食べたらい
いのか迷ってしまいました。どれもおいしかっ
たのですが、中でもお好み焼きが一番気に入り
ました。広末さんが作り方を教えてくれたので
今度僕も作って(みよう)と思います。

A

女 : ワンさんは何人家族ですか。

ワン : 6人家族です。

女 : ずいぶん多いですね。

ワン : 両親と弟が2人。

女 : え、それじゃ、5人家族じゃないですか。

ワン : ペットが1匹いるんです。

女 : あ〜、そうですか。

　　　①

B

今日韓国から家族が(遊びに)来ます。3時に空
港で会うことにしました。家から空港までけっ
こう時間がかかるので、そろそろ家を出なけれ
ばなりません。
会ったら何をしようかといろいろ考えていま
す。姉はディズニーランドに行き(たがって)い
ます。両親は温泉に行きたい(よう)です。みん
なのしたいことが違う(ので)、私は大変です。

15 과

A

女：ムンさん、今月末に帰るんだって。

ムン：ええ、そのつもりです。

女：いつなの？

ムン：初めは25日に帰ろうと思っていたん
　　　ですが。

女：25日って井上先生の誕生パーティー
　　　の日でしょ。

ムン：そうなんです。私もみんなと一緒に
　　　お祝いしたいので、３０日にしたん
　　　ですが、席がなくて今キャンセル待
　　　ちなんです。

問題　正しい内容をひとつ選んでください。

① ムンさんは25日に予約をしました。

② もっと日本で勉強するつもりです。

③ 30日のチケットを買いました。

④ 30日に帰りたいんですが、切符が買え
　　るかどうかわかりません。

④

B

日本に来て一年が過ぎました。月末には国に
(帰ろう)と思っています。
一年間、いろいろなことがありましたが、い
い思い出ばかりです。
特に熱心に教えて(くださった)先生のことは
忘れられません。
今は国に帰ったら何を(しようかと)、悩んで
います。できれば日本語を生かせる会社(で)働
きたいと思っています。

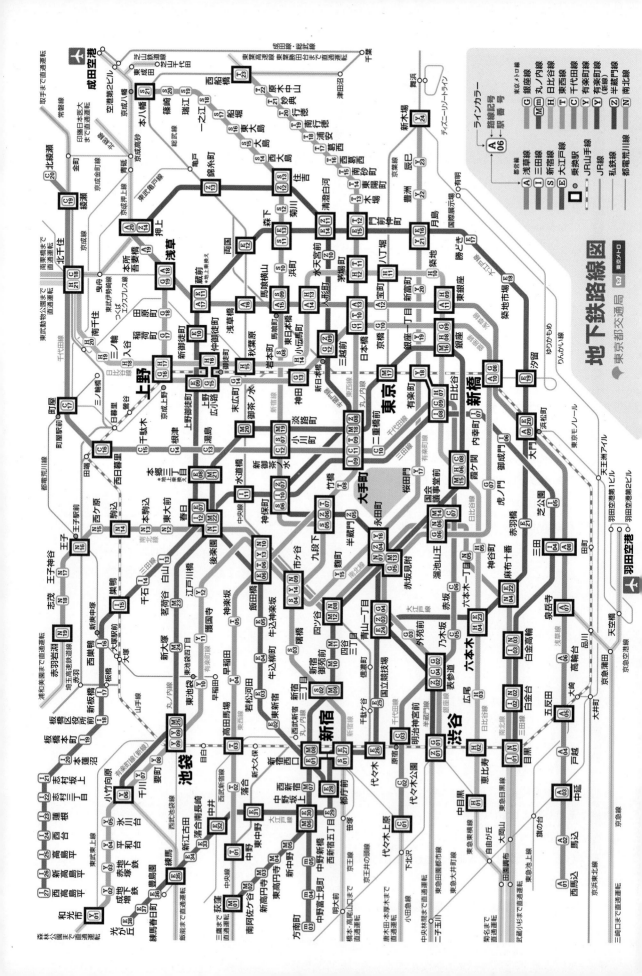

地下鉄路線図

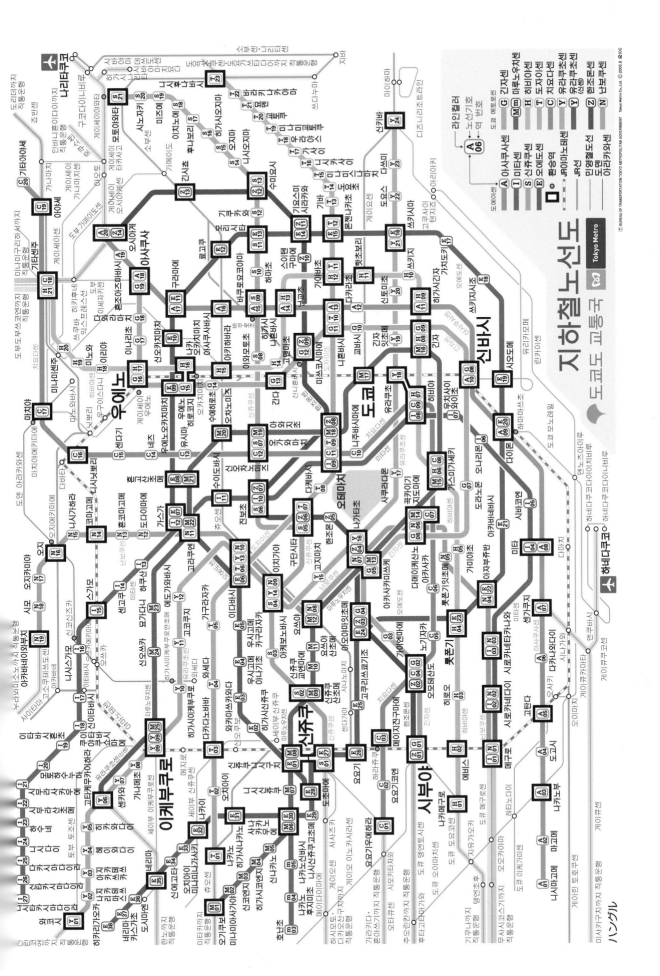

동양북스 채널에서 더 많은 도서
더 많은 이야기를 만나보세요!

▶ 유튜브

인스타그램

블로그

포스트

페이스북

카카오뷰

외국어 출판 45년의 신뢰
외국어 전문 출판 그룹
동양북스가 만드는 책은 다릅니다.

45년의 쉼 없는 노력과 도전으로 책 만들기에 최선을 다해온
동양북스는 오늘도 미래의 가치에 투자하고 있습니다.
대한민국의 내일을 생각하는 도전 정신과 믿음으로 최선을 다하겠습니다.

📖 동양북스